補救教學：
理論與應用

陸偉明　主編

陸偉明、黃慧菁、董旭英、黃郁茹、
曾明騰、高實玫、黃秋華　著

作者簡介（依章節順序排序）

陸偉明（第 1、2、3、7、8、9、10 章）（主編）
- 國立成功大學教育研究所特聘教授
- 美國喬治亞大學教育心理博士

黃慧菁（第 4 章）
- 永齡希望小學督導、社會工作師
- 國立成功大學教育研究所碩士

董旭英（第 5 章）
- 國立成功大學教育研究所教授
- 美國密西西比州立大學社會學博士

黃郁茹（第 6 章）
- 台南市崇明國中教師
- 國立成功大學教育學博士

曾明騰（第 11 章）
- 台中市龍津高中附設國中部教師
- 國立中山大學海洋資源暨生物科技學士
- 2013 年 Super 教師全國首獎

高實玫（第 12 章）
- 國立成功大學外國語文學系教授兼外語中心主任
- 美國俄亥俄州立大學外語教育博士

黃秋華（第 13 章）
- 亞洲大學幼兒教育學系助理教授
- 國立成功大學教育學博士

主編序

　　補救教學是教育部為了配合十二年國教所新訂定的師資培育科目之一，亦為國民基本教育重要政策。很早就想寫一本適用於大專院校師資培育生或現場教師使用的書，在自己帶了補救教學兩年後，這本書終於慢慢成形了。本書由成功大學幾位教授以及校外專家共同撰寫，內容主題符合教育部之規定，包含有教育哲學、教育社會學、教育心理學、理解學生、課程規畫、教學方法、班級經營、測驗評量與學生輔導等等，可說是師資培育最後一門的統整（capstone）課程，能夠達到「善盡教育專業責任」之基本素養，也俾利於師培生未來考取教師證、實際教學與就業。本書所提供的方法與資訊，對現場教師也相當實用。希望大家一起努力，將每個孩子帶起來。

　　最後要感謝許多教育界朋友的支持，提供許多相關資訊。也特別要向各章撰稿人致意，感謝他們忍受我不時地催稿與討論修正，還有心理出版社林總編輯的支持和強大的編輯團隊，以及兩位前後任助理靖茹和子揚的幫忙，更要感謝我的家人。本書內容還請教育方家多多指正！

陸偉明

於成功大學力行校區

CONTENTS

目次

第 1 章

考試知多少

陸偉明

不用爭論一綱一本，人生是無綱
無本！真實世界也沒有考古題。
　　　　　　　　——作者自勉語

這一題，會不會考

我在一所明星中學　擔任國文教員
在必須面臨聯考激戰底日子裡
……

講到胡適
講到二三十年代
激越底中國文學革命
少年胡適
晚年胡適
評斷著胡適的功過得失
學生問

這一題，會不會考
……

范進中舉
名列榜上第七名
范進樂歪了
瘋了，終於
他也考取了聯考
我的心情逐漸沉重起來
自忖所謂
學術的價值標準以及
目的的當兒
學生問
這一題，會不會考
　　　　　　　——初安民（1991）

本章提要

本章探討四個主題：測驗與評量的意義、考試的簡史、評量與國家競爭力
的關係、教育評量的新趨勢，也會兼及考試的副作用，以強化大家慎用測
驗的觀念。

測驗與評量的意義

本節首先介紹**測驗**（test）、**測量**（measurement）、**評量**（assessment）與**評鑑**（evaluation）的意義。雖然這四個詞乍看之下很相似，但意義卻相當不同，不宜混淆。以下分別說明之。

一　測驗

測驗通常是指一種工具，用以獲得學習者的學習表現，例如：國中基本學力測驗、中文打字測驗。在實際的學校情境中，測驗很常被使用，舉凡平時小考、段考、期末考等等，都是教師經常加以使用、藉此了解學生學習狀況的工具。測驗若當動詞用，指的是施測程序；施測程序若有統一或標準化，常常是大眾認可為公平的一種形式，但現況其實不然，我們會在第肆節再來談。

二　測量

測量指的是根據一套規則，針對行為、特質或屬性，給予一個數字的歷程（涂金堂，2009）。通常測量會產生相對應的數量，例如：測量身高會得到身高的數據；測量體重會得到體重的數據。然而，對文字或品質描述等非計量形式之資料做測量，也是可能的，例如：以觀察法了解個案在某種情境中出現特定行為的次數。

三　評量

評量指的是憑藉謹慎評估所得結果，以了解個案或學習者的知識、技能或態度表現（Popham, 1999），依此再對當事人進行價值判斷。可見評量是一個較廣義的詞，測驗考試其實是評量的一個很小的範圍。評量不僅

能透過定量、量化（quantitative）的方式，也可以透過定性、質化（qualitative）的方式來呈現；也就是說，評量能以更多元的形式進行，像是觀察評量、實作評量等等。比如說我們如果要了解學生的英文能力，可能除了紙筆考試之外，也可以透過觀察，或者請學生來唸一段課文，甚至口頭答問也都是一種評量。雖然評量其歷程會比較主觀，但我們都知道，分數解釋和價值判斷必須建立在與學生長期互動的基礎上，才能對個別差異做出最高教學意義的判斷。透過教師長期的觀察，才能對一個學生做比較清楚的判斷，也才能夠教導他／她要如何學習這個科目，所以評量會比測驗來得重要。只可惜大多數家長看的恐怕是大會考的成績，但那個僅是測驗當天的表現，而且必須是**最佳表現**（best performance）而非**典型表現**（typical performance），完全不計過去多年的學習狀況。所以在學校裡面，我們應該重視的是給學生的評量而不僅是測驗，而且最重要的是，選擇合適的評量來幫助學生學習。這些在本書後半都會有所著墨。

四 評鑑

評鑑指的是根據某項標準，對所測得的評量數據進行解釋和價值判斷（Hart, 1994: 1），通常是為了能了解某項政策或方案的實行績效，作為後續決策的參考，例如：學校本位課程發展評鑑、校務評鑑；又或是對於個體表現的綜合性判斷，例如：學生閱讀能力評鑑、教師專業評鑑。評鑑通常具有改進現況以達到理想目標的意涵，是行政體系不可或缺的利器。

考試簡史

考試的歷史又可以追溯到何時呢？我們最熟悉的應該是隋唐科舉──揣摩上意、金榜題名、拜為宰相、招為駙馬、衣錦榮歸。這的確是最好的

社會階層向上流動（upward mobility）了。至於最早的考試版本，應該是東漢立於洛陽「太學」講堂前的〈熹平石經〉，其可說是最早的全國通用標準本。到了清乾隆皇帝，將〈十三經〉共刻成 190 塊碑，立於國子監院內。所以「一綱一本」其來有自，國家總是有一些意識形態的控制，要透過標準本才能達成。到了九年一貫課程的推行之後才改為「一綱多本」，原意是想強調學生的**基本能力**（basic competence）、降低負荷，學生不用字字句句計較，沒想到遭致不明究理的大眾相當大的批評，結果適得其反。其實不論怎麼改，人生應該算是「無綱無本」且無標準答案，這點是無庸置疑的吧！北北基最後改回「一綱一本」，但由於限定版本造成出題大受限制，怕超出課外的後果就是題目難度增加、瑣碎冷僻題增多。所以教育改革想要成功，一定要多了解測驗的本質與特性，才能有更好的政策配套措施。

　　千百年來的科舉考試，養成了我們相信考試的習慣，失去了對考試的批判能力，繼續服從八股[1]下去。而且繼續著「萬般皆下品，唯有讀書高」的信念，以求取學歷為唯一出路。以下舉一些例子來說明考試的問題。1901 年慈禧下令改革科舉，考試內容加了中外政治歷史。據說有一次出了一題中外比較題：「項羽拿破輪論」，因為這兩位戰將（項羽、拿破崙）都是以失敗告終，不過由於翻譯的關係，讓考生望文生義，而有了以下可笑的議論：「夫項羽，拔山蓋世之雄，豈有破輪而不能拿哉？」（余秋雨，2001：319）為了考試求取功名，只好就題目多多發揮了。宋朝蘇軾曾有文：「自文章而言之，則策論為有用，詩賦為無益；自政事言之，則詩賦、策論均為無用矣。雖知其無用，然自祖宗以來莫之廢者，以為設法取士，不過如此也。」清朝徐靈胎亦有言：「讀書人，最不濟。爛時文，爛如泥。國家本為求才計，誰知道變做了欺人技。」顧炎武也說：「兩耳不

1　黃春明說除了八股還有九股啦！學生的作文充斥著陳腔濫調與美文矯詞、說空話、說假話（最常寫阿公阿嬤過世）。請參見 2014 年首屆會考作文題目「面對未來，我應該具備的能力」所引發的八股爭議。

聞窗外事，一心只讀聖賢書。」可見明知考試有許多問題，仍難以改變，所以有范進中舉[2]、孔乙己[3]等醜惡的讀書人形象。我們必須明白，考試的內容標誌著國家對人才的需求重點，也會對全國學生起引導甚至自我塑造的作用！所謂「**考試領導教學**」（teaching-to-the-test），最常見的負面效應就是教學被窄化以配合考試，學生即使畢業，其工作表現也不符社會期待。由此可見慎用考試之重要！清光緒先廢八股（1898 年）再廢科舉（1905 年），算是最大的教育改革，但一千三百多年的遺緒還是常常借屍還魂！

在國外方面，最讓人熟知的測驗應該就是 1905 年的比西量表（Binet & Simen scale），這是法國為了篩檢出需要特殊照顧的兒童而發展的，並不是拿來認定能力（周春塘譯，2009）。在台灣，我們有《中華智力量表》以及各種綜合性的心理測驗，不過後來智力商數（IQ）也是被誤用濫用極多。至於我們最熟悉的選擇題，則是第一次世界大戰期間在美國被發展出來，由於可以集體大量施測，非常方便，所以就從軍隊流行到中小學了。這的確具有在生產線上精準與大量製造的美國風味，但在許多教育家的眼中，這卻是有問題的題型，例如：

下面是一連串動物的名字，請勾選出對農夫有用的動物：
（A）牛 （B）老虎 （C）獅子 （D）狐狸

接著，再來看看以下可笑又可嘆的考試情境：

「是誰發現了新大陸？」考官問。
「哥倫布。」
「造紙術是誰發明的？」

---

2 《儒林外史》第三回：周學道校士拔真才，胡屠戶行兇鬧捷報。

3 魯迅小說集《吶喊》中的一篇小說，也是該篇小說的主角，他沒有考上秀才，但會賣弄迂腐知識。

「蔡倫。」

「非常好，恭喜你小學可以畢業了！」

小學畢業只需要死背一些知識與人名嗎？有關近年來對測驗的反動與改革，在本章第肆節會有進一步討論。

在德國方面，1935 年納粹國會在紐倫堡召開，倡言人類天賦的不平等。請看以下的數學題目：

每一座精神病院的建築費用需要六百萬馬克，如果每一棟民房需要一萬五千馬克，用來建築一座精神病院的錢可以建築多少棟民房？（周春塘譯，2009）

這個題目暗示精神病是高社會成本的，具有歧視精神病人的意味。當時納粹也利用智力測驗，從分數來決定政府對人民的處置。在英國，家長可能會恐嚇小孩：「考不好就送你去紡織廠！」（意指從事低下階層的工作）。但是我們捫心自問：一天測驗的表現就可以決定孩子應該上哪所學校嗎？許多英國的家長紛紛遷居到著名學區內，好像這麼做孩子的成績表現真的就會好些一樣！直至 1983 年美國哈佛大學心理學家 Howard Gardner 提出了七大多元智能，為老師開了一扇窗，看到了學生的**整體性**（holistic），而不再只是考試分數：學生如何使用口頭或文字表達？如何使用邏輯或計算等技能？如何運用視覺輔助、想像或譬喻？如何運用節奏或聲音？如何動手做或用身體去體驗？如何喚起感覺或記憶並深刻體認？如何分享或合作學習？這些都讓老師重新看到學生的優勢。

愛因斯坦曾說：「每個人都是天才，但你用爬樹的本領去評斷魚，終其一生牠會覺得自己是笨蛋。」（Everyone is a genius. But if you judge a fish on its ability to climb a tree, it will live its whole life believing that it is stupid.）用他的論點來說明多元智能以及多元評量再貼切不過了。一般來說，紙筆

測驗對喜歡動手做或有創意的學生甚不公平，也會窄化學習。我們一定要謹記在心：「生吞活剝」是學生讀書的方法、「味同嚼蠟」是讀書的感覺、「死啃書」、「啃死書」是學生對付考試題庫的絕招、「填鴨」是學校對付學生的絕招、「大補帖」是補習班和參考書對學生的招攬、「消化不良」是學生的寫照（郝明義，2007：53）。也就是說紙筆考試方式很容易讓學生大腦最珍貴的 CPU 拿來當成硬碟使用了！

　　我們必須明白：每個測驗都可以產生分數，但這些分數代表什麼意義？可以如何被使用？這才是我們更需要關切的。IQ 測驗可以產生分數，這些東西也都是智力的表現，然而智力還有其他的東西！根據紐西蘭政治學家 Flynn（1987）的調查，開發國家人民的 IQ 分數每年都在上升，從二戰後 50 年來已從平均 100 分上升到 115 分（Flynn, 2012），每年進步0.3 分，台灣為 0.25 分（陳心怡、廖永堃、陳榮華、朱建軍，2011）這個現象被稱為**弗林效應**（Flynn effect），那麼比較分數還有什麼意義呢？但是，如果我們推崇不靠背景而以自己實力取得成功的觀念（所謂公平其實是假公平），我們一定會選擇**標準化測驗**（standardized test）。所謂標準化測驗，指的是由測驗專家根據測驗的編製程序所編成的一種測驗，除了包含試題分析，測驗的實施、計分與解釋也需依照指導手冊辦理；測驗也要建立常模、信度和效度資料（郭生玉，2004：5）。問題是這個測驗要能作為全國的共同標準，又要不干擾正常教學與地方特色，而且其標準答案能被所有學生接受，這簡直是不可能的任務！所以一個測驗的目的，的確是要好好思索的。

　　考試到底有多不公平呢？家長的社經地位會影響孩子的學習、考試當天又是多麼靠運氣，成績出來跌破眼鏡、馬失前蹄的一堆。看看我們做了哪些事：南韓考學測當天股市延後、飛機停止起降以避免噪音；在台灣，考試闈場要放乖乖、要機器乖；家長考生去拜拜祈求不用說，學校還有許多儀式包括喝大悲咒水、營養午餐要先吃包子與粽子（包中）以及礦泉水（文思泉湧），還有全校師長一起吃素來為學生祈福……我們大人只好把

焦慮寄託在另一個形式上！造成被宰制者還形成一種特殊的文化適應（孫智綺譯，2002：153）。當付出的代價越來越大、不跟從不行，考生因而變成「優秀的綿羊」[4]，大家都喪失了自由，也都成了共犯。難道這個制度不用檢討嗎？還是有既得利益者在把持呢？我們需要深思[5]！

評量與國家競爭力的關係

　　上節已說明了考試簡史，此節再針對考試的副作用以及國家競爭力多做說明。學生在考試結束後都會「幾家歡樂幾家愁」，考試就像雙面刃，不當使用會帶來許多負面效應。最常見的是造成焦慮與不當分類，尤其是公開學生分數與競爭比較。學生在過往學習當中，如果得到較多的挫敗經驗而非成功經驗，則容易產生**習得無助感**（learned helplessness），這是由Seligman（1972）所提出，是一種極端的自我概念，預期自己的反應和最後的結果不會有關聯，以至於做了**全面性的歸因**（global attribution）而全部放棄。學生會在極大的壓力之下考試考到自我放棄，乾脆趴下來睡覺。考試不但未能增進學習動機，還干擾到學習。所以失敗未必是成功之母啊（林建平，1997：318）！但有另一種說法：若沒有了考試，學生很可能就不去念書了？例如社會上有部分人士即指出，十二年國教只有會考，可能使學生失去競爭力。這是真的嗎？我們可以如何來思考這件事情？若教

4　耶魯大學教授 W. Deresiewicz 著。《優秀的綿羊：耶魯教授給 20 歲自己的一封信，如何打破教育體制的限制，活出自己的人生》。三采出版。

5　2019 年二月高雄中學及高雄女中學生發起終結放榜新聞、拒絕「成功」模板。他們也設計了一份給校長的承諾書，希望校方不再主動發出採訪滿級分學生的通知，以終止學校和媒體為了各自利益相互照應的共犯結構。相對的，芬蘭媒體只要一報導通過會考的學校排名，教育機關或學校都會同聲譴責這樣的報導會助長不必要的社會焦慮與分化、轉移了教育的焦點（陳之華，2009：101）。

育部部長說：「不考試就不唸書。」你覺得他對教育的理念又會是什麼呢？教育部部長可不能是考試部部長啊！某校校長在高一新生會上斬釘截鐵地說：「我就只有一個目的——就是要讓你們考上一個好大學！」這位校長的教育理念又會是什麼呢？

何謂競爭力？以台灣經濟起飛為例，靠的是廉價勞動力所促成的大量加工出口；而要如何才能訓練出聽話又水準齊一的勞工？祕訣就是統一課程與統一考試。這樣的訓練方式，在當時的西方國家並不盛行，但直至今日，由於美國《有教無類》（No Child Left Behind, NCLB）法案的緣故，每年三月舉辦全國大會考，此舉可說是向東方國家學習，改革又擺到鐘擺的另一端，但是緊接而來的，就是我們耳熟能詳的後遺症：學區老師的集體作弊、老師不上課直接進入複習考……。隨著時代的前進，廉價勞動力已不應成為台灣人民的主要競爭力來源，考試也絕對不會是競爭力的來源。想想看，九年一貫的十大基本能力是不是很有道理：

1.瞭解自我與發展潛能；2.欣賞、表現與創新；3.生涯規劃與終身學習；4.表達、溝通與分享；5.尊重、關懷與團隊合作；6.文化學習與國際瞭解；7.規劃、組織與實踐；8.運用科技與資訊；9.主動探索與研究；10.獨立思考與解決問題。（教育部，2008）

以測驗分數淘汰掉瑕疵品是生產線的觀念，在教育上，每個學生可都是璞玉！美國社會學家 Cameron（1963: 170）曾說：「Not everything that counts can be counted, and not everything that can be counted counts.」所以考試分數也不算什麼——能被計算的，不一定重要；重要的事，不一定能被計算。那麼學校測驗的目的到底為何？這可以分成對學生、老師、家長、學校行政四個向度來看。

1. 在學生方面：可以了解學生的起始行為、依其能力適當安置學生、診斷學生是否有學習困難、給予學生學習回饋、增進學生學習動機、評

定學生學習成就。

2. 在老師方面：可以據此規劃教學活動、調整教學步調，讓老師有更多機會了解學生並進行教學反思。

3. 在家長方面：可以讓家長理解學生的學習狀況、進行更多的親師合作。

4. 在學校行政方面：學校可以利用各式評量來甄選學生、提供各式獎學金，或依據學生的測驗表現辦理評鑑等等。

　　不論如何，評量的最終目的，是社會人士所關心的這個問題——我們的下一代是否已習得必備的能力？對一個「我考故我在」的社會而言，我們的考試文化漠視能力、技能與素養的培養，只斤斤計較分數，才會讓學生喪失了競爭力！

　　1994 年的四月十日這一天，410 教育改造運動讓十萬人走上街頭「為下一代而走」，為的就是呼籲改革台灣教育的三大弊端——升學主義、管理主義、粗廉主義。教改總共有四大訴求：「增設高中大學」、「小班小校」、「教育現代化」及「教育基本法」。接下來是 1998 年的教育改革行動方案，以及 2001 年起實施九年一貫課程與國民中學學生基本學力測驗，打破 42 年來升高中的聯考聯招制。國中基測強調基礎、重要、核心的知識。為了評估台灣學生的競爭力，也首度建立了台灣學生學習成就評量資料庫（Taiwan Assessment of Student Achievement, TASA），從 2006 年起，大規模且長期地進行小四、小六、國二、高二學生國文、英文與數學測驗，共有四百多所學校、總計一萬多名學生。題目及研究報告可在國家教育研究院（www.tasa.naer.edu.tw）取得。

　　國際評比也是國人非常在意的競爭力指標之一，像是 2000 年開始的學生能力國際評量計畫（Programme for International Student Assessment, PISA），評量對象為十五歲學生於閱讀、數學、科學領域的素養成就，目的在於了解這些即將完成義務教育的學生是否已經準備妥當，成為具有好

素養且能積極貢獻社會的好公民（林煥祥、劉聖忠、林素微、李暉，2008）。由表 1-1 可知，台灣學生在 PISA 的數學素養得分雖然名列前茅，但每次施測結果都顯現出較大的標準差，顯示我國學生的數學素養仍存在著明顯幅度的差異。因此教育界迫切的議題，乃在於力求縮短學生個別差異的幅度（臺灣 PISA 國家研究中心，2011）。另外，解釋科學現象的能力素養雖然排名世界第三，但對科學的一般興趣上，台灣學生卻排在 30 名之外（林煥祥等人，2008）。在 PISA 2006 報告的表 T5.19a 也看到，在學校內進行**能力分組**（ability grouping）的國家，其科學成績反而沒有不分班來得好，這結果也很耐人尋味（OECD, 2007）。相對的，芬蘭各校的表現差異都相當低，可見他們推動平等相當徹底（林曉欽譯，2013：92）。在 1985 年以後，芬蘭[6]就廢除了能力分班，以確保多元的學生可在同一個班上學習；他們也沒有資優班，避免了學校成為隱藏的階級宰制工具（孫智綺譯，2002：145）。

至於在國際數學與科學教育成就調查（Trends in International Mathematics and Science Study, TIMSS）方面，亞洲國家如新加坡、韓國、香港、日本排名都在前面。2006 年的結果是台灣國二生的數學表現全球第一，不過，喜歡數學的程度是全球倒數第十，信心指數為倒數第四。所以千萬不要只以成績的排名沾沾自喜，那其實不盡然是競爭力的展現。對凡事都有標準答案的學生，表面上他們是成績最好的學生，但也可能是最不會動手做與批判思考的學生。另外，2001 年開始的促進國際閱讀素養研究（Progress in International Reading Literacy Study, PIRLS），台灣從 2006 年開始參加，2016 年是第三次參加。在參與的 50 個國家／地區中，與英格蘭、挪威並列第 8 名（小學五年級），相較於 2006 年及 2011 年有顯著進步。柯華葳（2012）認為這些大型的國際評比結果，對形塑國內的教育政

6　吳祥輝（2006）的《芬蘭驚豔》提到芬蘭數學課本中有用國旗來算面積以及用高雄亞洲企業中心（Asia Plaza）的圖片來算高度，國內電視台還專程到芬蘭採訪。

策有相當大的作用。舉例來說，TIMSS 2003 的結果後來就形成了台灣的補救教學政策。不過值得注意的是，不論是 PISA、PIRLS 或 TIMSS，還是難逃國際間的排名比較，忽視了各國的差異，把競賽看得比教育還重要，引起了許多反彈！比如說德國近年來是 OECD（經濟合作暨發展組織）成員國中失業率最低的，因為他們相當重視技職教育，閱讀或數學這些學術考試並不適合他們。另外，加拿大因為排名下降因此造成家長恐慌，故要求回到以前的傳統教法而抗拒創意數學教學法。讀者是否也有熟悉之感呢？再看看以色列，他們在這些國際排名上都只是三、四十名，但以色列卻是創新大國，這又怎麼解釋呢？

表 1-1：PISA 數學素養排名

名次	2006 國家/地區	平均數	標準差	2009 國家/地區	平均數	標準差	2012 國家/地區	平均數	標準差	2015 國家/地區	平均數	標準差	2018 國家/地區	平均數	標準差
1	**台灣**	**549**	**103**	上海	600	103	上海	613	101	新加坡	564	95	中國（北京-上海-廣州-深圳）	591	80
2	芬蘭	548	81	新加坡	562	104	新加坡	573	105	香港	548	90	新加坡	569	94
3	香港	547	93	香港	555	95	香港	561	96	澳門	544	80	澳門	558	81
4	韓國	547	93	韓國	546	89	**台灣**	**560**	**116**	**台灣**	**542**	**103**	香港	551	94
5	荷蘭	531	89	**台灣**	**543**	**105**	韓國	554	99	日本	532	88	**台灣**	**531**	**100**
6	瑞士	530	97	芬蘭	541	82	澳門	538	94	中國	531	106	日本	527	86

資料來源：
https://www.oecd.org/pisa/data/2018database/
https://www.oecd.org/pisa/data/2015database/
https://www.oecd.org/pisa/data/2012database/
https://www.oecd.org/pisa/data/2009database/
https://www.oecd.org/pisa/data/2006database/
http://www.oecd.org/pisa/
http://www.oecd.org/pisa/PISA%202018%20Insights%20and%20Interpretations%20FINAL%20PDF.pdf

我們應該體認到，無法適性揚才，才真的是降低國家競爭力。標準化的考試結果，不能拿來檢核教育的品質，因為考題和教育不見得會**對應**（alinement），反而是反映了學生在校外的學習或智能（Reynolds, Livingston, & Willson, 2009: 317）。但長久以來，台灣在行政上傾向使用成績來彰顯教育的成效，「考上名校」被奉為圭臬，上到家長、下到學生都對考試分數給予高度重視，甚至有所紛爭，例如100年的北北基聯測高分低就事件（今日新聞網，2011）。即使學校有許多學生考出赫赫顯然的優秀成績，也不代表學校就沒有其他的問題存在，像是權力關係、霸凌等。考試成績並無法呈現出教育的整體風貌，學生的學習態度更是扭曲。香港近年在 PIRLS 的成績突飛猛進，所強調的就是「先學會閱讀，再從閱讀中學習」，對學生的評量方式也更多元，像是演戲、廣播劇、即興劇、辯論等。作家簡媜（2006）對語文學習的看法，則認為一切都應奠基於學生對閱讀的渴望，這才是我們要的競爭力——對學習正向的態度、終生學習的態度：

飢渴的學生總是嫌課本太薄、文章太少。不得已轉而蒐羅學姊的舊版本（也算一綱多本），多讀幾課算是打牙祭，一點也不覺得聯考不考，此舉浪費時間。

教育評量的新趨勢

根據以上論述，我們接著來總結測驗對教學與學習的影響。此影響包含有正面及負面的，統稱為**回沖**（backwash）**效應**。在正面部分只有一點，就是學生會重視教學與考試的關係；至於負面的部分，陳柏熹（2011）列出了五點：

1. 忽略測驗的目的與用途，對受測者做出不公平的處置。進一步說，教學的目標（如語言的聽說讀寫或文本賞析）和考試的內容或類型（如選擇題、配合題）有很大的差距，就會有極大的負面效應。

2. 不了解測驗的品質與效能〔**信度**（reliability）、**效度**（validity）〕，易造成錯誤決策。信度是測驗分數的穩定程度，效度是測驗分數能測出所欲測量特質的程度，各測驗都有所不同。

3. 忽略測驗分數的**測量誤差**（measurement error），對受測者做出不當分類。測量誤差的問題留待下章來說明。

4. 未徵詢受測者同意就實施測驗（如突擊考試）或公布測驗結果未能**保密**（confidentiality），侵犯個人隱私（注意：不論人格測驗或能力測驗，都是在評估個人特質，也都是個人隱私的一部分）。作家侯文詠（2004）描述他的老師在發考卷時，是一一唱名從最高分開始發，到他時幾乎是將考卷用丟的，讓學生自己去撿回來。那是多麼難堪的場面！

5. 實施測驗過於頻繁，尤其是強調最佳表現的能力測驗，會讓受測者產生壓力或**考試焦慮**（test anxiety），影響其學習。

　　老師們常誤把測驗的分數變成激勵（或打擊）學生的工具。唐淑華（2010）就呼籲要注意台灣學子的學業挫折經驗及其負面影響，包含如憂鬱情緒等。至於考試的激勵效果，在東西方有相當本質上的差異。在西方，學生可能會接受自己的弱點，被鼓勵探掘自己的優點；而在東方，常常認為讀書是學生的本分，考得好是應該的，考不好要再用功（在哪邊跌倒，換個地方站起來 VS. 在哪邊跌倒，要在那邊站起來）。所以師長期望再加上個人期望，都很注重分數，而不是注重教育。但筆者認為最根本的問題還是在前三點，因為教師們對測驗的本質、用途以及分數的問題過於輕忽，再加上升學主義的推波助瀾，測驗就很容易被濫用與誤用。黃武雄（1995）在《台灣教育的重建》就提到，社會上的文憑主義助長了升學主

義，使得家長不重視孩子的求學，造成升學（名牌學校）比求學重要（學生是在學校，但不見得在學習中）。學生的專長是把答案背起來好應付考試，考完就通通還給老師，就好像醉酒的人把東西吐出來，然後再也吞不回去了。如此一來，學生在真實世界會吃足苦頭——題目永遠不同，答案要自己找（盧建彰，2015）。考試也就被豢養成無比巨大的怪獸，大家都拜倒在它腳下，一切以它為依歸，拿出「共赴國難」的精神來通過它的試煉：

> 這是第二張成績單，大多數同學已能接受「煎熬」的事實，正在努力當中……希望家長們也能「共體時艱」，以「共赴國難」的精神，與孩子們「共同打拼」……希望明年暑假能熱出一片天……。
>
> ——小野《青銅小子》（1994：115）

「一試定終身」的思維綁架了大家，也讓大家成為這個體制的共犯。每次全國大型考試放榜，都會有媒體大幅報導金榜狀元，又再次形塑考試文化。為增強批判力道，筆者建議媒體要多些平衡報導，比如說可以比照自殺新聞，在螢幕右邊加打「考試不是教育目的，請珍惜思辨」云云……

美國的 Fair-test 組織就是要倡導大規模全國考試的**高利害關係（高風險）測驗**（high-stakes test, HST）之危害，因為這種測驗的目的並不是要讓學生持續改善，也無法知道學生應加強的部分，更對弱勢族群學生不利。屈就偏頗又不可靠的分數，對學生學習與學校教育都是極大的傷害。在美國有許多州的學生與家長已控告 HST，成為 HST 的**反衝**（backlash）（黃德祥等譯，2011：47-51）。有鑑於測驗與考試在台灣（或東亞）已經問題多多，教育評量的新趨勢即不會僅使用考試卷作靜態的單一評量，而改用**多元（另類）評量**（alternative assessment）的方式。除了成就認知方面的進步外，情意上的改變、態度上的改變，還有應用性、實用性、動作技能上的改善，是我們更關心的，這才是學生真正能帶得走的能力。針對

前述陳柏熹所提出的第一點問題，改善的方式就是讓測驗盡量改為**直接測量**（direct testing），以語言考試來說，就是降低文法題。還有就是改採用效標參照提供精熟標準。以寫作為例，學生平時就可依據教師的評分規準來檢核自己的寫作，據以精進；學生改變的過程比評量的結果還重要，**檔案評量**（portfolio）因而興起。第十章會有詳盡介紹。

此外，過去的考試情境離實際情境非常非常遠。例如，學生在紙上的數學能力也許很高深，但在實際情境之數學應用能力卻很貧乏：做一塊窗簾要買幾乘幾的布、一坪地要買多少塊磁磚來鋪滿等問題解決能力相對較弱。由於考試內容與實際生活情境無關的情況相當嚴重，因此**實作評量**（performance）因而興起。這種評量就是相對於考試的虛假，其特點在於學生有較大的選擇度與彈性，主控學習或與人合作的程度也較高。

另一方面，許多教師習慣教導學生做筆記、劃重點，但所謂的「重點」，應是大腦自發性地對學習材料做重新組織，而不是教師規範學生要如何劃線（如果老師講到某處就說，「這個地方很重要，要劃起來」，這時學生應該會悉聽遵命），應該要引導學生自發學習。不過，過去教育現場的狀況，仍然是比較行為主義傾向，只在乎外在行為表現的結果，強調的是「如果怎樣做會有個好結果，就那樣做就對了」，至於學生喜不喜歡或主不主動並不重要。舉例來說，喜歡「動手做」的孩子在台灣的教育體系下往往非常辛苦，因為傳統的評量常是要求「要有標準答案」、「單一情境」的考試方式，較少考量情境的不同。然而，現代評量強調以下幾個觀點。首先，評量不僅是考試的結果，而是一種過程。學生在念書的時候，是否會主動地建構意義，以及未來能否應用於實際情境上？例如：等高線的學習，可以應用在爬山的時候。同時，學習也更加注重跨領域的知識結合，將各個學科、各個範圍的知識做統整，讓知識不再是瑣碎的。另一方面，現代教學對**後設認知**（meta cognition）也有更多的關注。後設認知，也就是有能力去監控自己的學習，包含幾個層次：自我監控（monitor）、計畫（plan），以及對既有計畫的調整（regulation）。由於學

生不見得能夠很純熟地使用後設認知能力，但透過評量的活動，可以幫助學生做自我監控，並根據監控的結果，做進一步的問題解決與策略調整。個體的調整能力越佳，其學習的靈活度將會越好；這也就是我們希望能透過評量，讓學生發展出來的能力。

結語

　　過去民間所關心的教改主軸都在考試技術與招生制度上，考試領導教學的問題並未解決。與其說台灣的社會重視「教育」，不如說重視「考試」。希臘文 schole 與英文的 school 原為同一字根，有休閒之意，可藉此學習與思考。但我們不僅有全世界最高的在校時數（每天早上七點半到下午五點、全年上課 200 天），學生還要焚膏繼晷死背課本裡的細節，也造就了全世界最高的近視率——小一 17.9%，小六 62%，2006 年調查高中是 85%（衛福部，2010），結果是學到了終身學習的能力嗎？要培育出什麼樣的人才以應付變化多端的社會、用什麼方式來培養，這才是教改的重點。因研發藍光 LED 獲 2014 年諾貝爾物理獎的中村修二（2015）就認為東亞教育效率低下、浪費太多生命！其實我們必須有以下的認知：

1. 沒有一種考試制度的設計可以完全配合主政者的意圖、符合每個考生的需要；

2. 也沒有一種測驗，可以完全測量出真正的能力；

3. 更沒有一種測驗分數，可以完美解釋考生的表現。

　　完全依賴單一考試成績來做篩選，是一件很危險的事情。我們更要摒棄靠考試來督促學生的做法，更不適合用「不打不成器」、體罰來督促學生成績進步〔四、五年級生為「挨打的一代」（beaten generation），老師單打完換家長雙打〕。國際知名的教育家 Ken Robinson[7]認為過去的教育制

度是為了滿足工業時代的經濟需求而設計，但是任何國家的教育，都必須隨著社會變遷與時俱進。過去強調的 3C——conformity（從眾、符合主流）、compliance（按照規定的標準化測驗）、competition（競爭與評比）並無法因應未來的挑戰。傳統的填鴨式教育或填牛式教育[8]更行不通！更重要的是，我們必須體認到，即使像學生喜愛的漫畫，一旦變成要考試，海賊王的幽默、衝擊、精采……就通通不見了！我們不能忘了「以學習者為中心」的心理學原理。

以下列出幾個重要的概念（林心茹譯，2000：53）：

1. 學習是主動、積極的過程，個體依據自己獨特的經驗建構意義。
2. 學生尋求創造出有意義的、連貫的知識表徵。
3. 學生以有意義的方式將既有的知識與新的資訊相連結。
4. 「思考關於思考」的策略，有助於學生的創造性與批判性思考。
5. 學生的信念、目標、期待、情感及動機，影響他們「學到什麼」及「記得多少」。
6. 學生本質天生好奇、喜愛學習，但強烈的負面情緒及擔憂會阻礙他們對學習的狂熱。
7. 適切、真實及有挑戰性的學習任務，激勵學生批判性及創造性的思考。
8. 每一個人的生理、智力、感情及社會性各方面，都是以自己的獨特方式發展。
9. 在多樣化情境中的社會性互動以及和他人溝通，皆有助於學習。
10. 當個體受到能欣賞他們獨特天賦的人的關懷時，他們的自尊及學習都增強了。

7　Ken Robinson 在 2006 TED Talk 的演講「學校扼殺了創意嗎？」（https://www.ted.com/talks/ken_robinson_says_schools_kill_creativity？language=zh-tw）創下史上最高點閱率。

8　有一說法是填牛比填鴨好，塞東西給牛還可以反芻。但做人不行嗎？幹嘛要做牛做狼？

11. 儘管學習、動機及教學的基礎原理適用於所有的學習者，但是學生之間仍有其個別的學習策略、學習速度及特定領域中的獨特能力的差異存在。

12. 所有個體都是根據他們的信念與思想詮釋生活的經驗。

生命不是只有考試。最後，筆者列出「以學習者為中心」的評量原理（林心茹譯，2000：67），作為本章的小結，以展示本書之理念脈絡：

1. 任何教育性的學習評量，其基本目標都應是鼓勵有意義的學習。

2. 評量應誘發出學生真誠的努力、學習的動機及對評量活動與情境的投入。

3. 在不同的課程領域，評量應能對學生不同的天賦及成就，提供可信賴及合適的訊息。

4. 評量應持續不斷地出現在教室中，提供個體學習進展的長期證據。

5. 策略、技巧及知識不只應在學業的評量上顯現出來，也應在每日的課程中被精熟地運用。

6. 評量應以真實的及有意義的任務為根據，並和教室中所提供的課程及教學一致。

7. 不管先前的成就、性別、種族、語言和文化背景，評量對所有的學生都應公平、公正。

8. 評量應不僅評判學生對課程的動機、態度及情感反應，也應評判他們的認知技能、策略及知識。

9. 評量應包含公開展示、學習檔案及實作表現，以說明各式各樣不同的行為和成就。

10. 設計最佳表現的標準與評量系統時，應由所有的參與者（包括家長、老師、行政人員及學生）共同協商，以確實獲得重要相關人員之間意見的一致、投入及支持。

11. 評量的結果應提供參與者明確的、可理解的，以及直接立即的回饋。

12. 所有的評量都應在參與者及評量訊息的消費者間，提供定期性的回顧及修正。

筆者觀察

一、某校的老師為提振學生「榮譽心」，每次月考完不僅從高至低公布學生分數，還邀請成績好的前十名任選班級座位，並且恭喜他們「你又把一個同學幹掉了」。其餘同學撿剩下的位子坐。不過據筆者的觀察，他們都很樂意坐到教室後面，自我放逐。

二、學生告訴筆者考試的四箴言：

(1) 考試和生活無關；(2) 考試時不要想太多，把自己當白癡去做題目；(3) 重點不在你知道什麼，而是老師想要什麼；(4) 考試訓練我們莊敬自強、處變不驚。

三、某參考書有一題目為：

讀完文天祥〈從容就義〉一文，你認為這篇文章的風格是？

（1）文字洗鍊　　（2）說理翔實　　（3）語重心長　　（4）浪漫哀怨

答案：（1）。解析：背起來。

四、某校考題：

第一題：黃花崗起義時開第一槍的人是誰？

（1）黃興　　（2）宋教仁　　（3）孫文　　（4）羅福星

第二題：黃花崗起義時開第二槍的人是誰？

（1）黃興　　（2）宋教仁　　（3）孫文　　（4）羅福星

第三題：黃花崗起義時開第三槍的人是誰？

（1）黃興　　（2）宋教仁　　（3）孫文　　（4）羅福星

答案都是（1），因為課本上說，黃興起來開了三槍，揭開了革命的序幕。

問題討論

一、我為什麼要讀書？為什麼要這麼辛苦準備考試？努力念書如果沒有好的結果，是不是等於白費了？現在大學畢業也找不到工作，為什麼還要考大學？〔問題出自彭昱融（2009，11月）〕。
你的回答是什麼呢？

二、誰決定了哪些科目要放在基測、統測、會考當中？這些科目是不是就決定了學生可學習的面向？

三、試討論九年一貫課程下教學評量實施現況，與十二年國教的新展望。你認為改變考試制度，會改變升學主義嗎？你認為就近入學，會摧毀明星學校與菁英教育嗎？

四、上一代環境困苦升學機會少，因此對孩子望子成龍鳳，認為藉由聯考可以向上流動。現在教育機會多，大學林立，你覺得還是有很多的「虎爸虎媽」存在嗎？

五、有人說為了讓國家有競爭力，所以我們要先讓學校與學校競爭、學生與學生競爭，大家從小就習慣了競爭，國家自然會有競爭力。所以，競爭觀念要從小教導。你同意以上的說法嗎？（陳之華，2009：89）此外，資本主義社會認為弱肉強食、競爭會帶來進步，你可以舉一些反例嗎？〔請參考陳政亮（2015）發表在《巷仔口社會學》一書中〈競爭人格的養成〉一文〕

六、分數是暫時的，＿＿＿＿＿＿＿＿＿＿＿＿＿＿＿＿是永遠的。

教學資源

A Vision of Students Today: https://www.youtube.com/watch?v=dGCJ46vyR9o

電影《三個傻瓜》(*Three Idiots*)

五月天《三個傻瓜》歌詞

參考文獻

中文部分：

小野（1994）。青銅小子。台北市：麥田。

中村修二（2015，1月16日）。東京駐日外國記者協會演講。取自 http://master-insight.com

今日新聞網（2011）。史上第一遭！郝龍斌低頭　北北基考生「高分低就」重分發。取自 http://www.nownews.com/2011/07/12/91-2727070.htm#ixzz1UUwWf5tp

余秋雨（2001）。山居筆記。台北市：爾雅。

吳祥輝（2006）。芬蘭驚艷：全球成長力第一名的故事。台北市：遠流。

初安民（1991）。愁心先醉。台北市：晨星。

周春塘（譯）（2009）。S. Murdoch 著。智力測驗的歷史：決定「天才」或「低能兒」的合法劊子手（IQ: A smart history of a filed idea）。台北市：五南。

林心茹（譯）（2000）。S. G. Paris & L. R. Ayres 著。培養反思力（Becoming reflective students and teachers with portfolios and authentic assessment）。台北市：遠流。

林建平（1997）。學習輔導。台北市：三民。

林煥祥、劉聖忠、林素微、李暉（2008）。台灣參加 PISA2006 成果報告。行政院國家科學委員專題研究成果報告（NSC 95-2522-S-026-002）。花蓮市：國立花蓮教育大學；高雄市：國立高雄師範大學。

林曉欽（譯）（2013）。P. Sahlberg 著。芬蘭教育這樣改（Finnish lessons: What can the world learn from educational change in Finland?）。台北市：商周。

侯文詠（2004）。頑皮故事集。台北市：健行。

柯華葳（2012）。由參與 PIRLS 看國際評比。載於中國教育學會（主編），2020 教育願景（pp. 25-49）。台北市：學富文化。

唐淑華（2010）。從希望感模式論學業挫折之調適與因應——正向心理學提供的「第三種選擇」。台北市：心理。

孫智綺（譯）（2002）。P. Bonnewitz 著。布赫迪厄社會學的第一課（Premieres lecons sur La sociologie de Pierre Bourdieu）。台北市：麥田。

涂金堂（2009）。教育測驗與評量。台北市：三民。

郝明義（2007）。越讀者。台北市：大塊文化。

教育部（2008）。國民中小學九年一貫課程綱要總綱。台北市：作者。

郭生玉（2004）。教育測驗與評量。台北市：精華。

陳之華（2009）。每個孩子都是第一名：芬蘭教育給台灣父母的 45 堂必修課。台北市：天下。

陳心怡、廖永堃、陳榮華、朱建軍（2011）。臺灣兒童於1997 至 2007 年智能進步狀況分析：弗林效應之探討。教育科學研究期刊，56（1），167-191。

陳政亮（2015）。競爭人格的養成。巷仔口社會學。取自 https://twstreatcorner.org/2015/12/22/chenjengliang/

陳柏熹（2011）。心理與教育測驗：測驗編製理論與實務。台北市：精策教育。

彭昱融（2009，11月）。羅東高中 重燃青春火焰。天下雜誌，435，118-120。

黃武雄（1995）。台灣教育的重建——面對當前的教育的結構性問題（第二版）。台北市：遠流。

黃德祥、洪福源、張高賓、劉文英、郭國禎、黃財尉、許忠仁、游森期
（譯）（2011）。T. Kubiszyn & G. Borich 著。**教育測驗與評量：教室應**
用與實務（Educational testing and measurement: Classroom and practice）。
台北市：心理。

臺灣 PISA 國家研究中心（2011）。**臺灣 PISA 2009 結果報告**。台北市：心
理。

衛福部（2010）。**近視歷年流行病學調查結果**。取自 https://www.hpa.gov.
tw/Pages/Detail.aspx?nodeid=609&pid=1084

盧建彰（2015）。**願故事力與你同在**。台北市：天下文化。

簡媜（2006）。作家簡媜看語文學習：如此渴望。**聯合新聞網**。取自
http://mag.udn.com/mag/edu/storypage.jsp?f_ART_ID=25780

英文部分：

Cameron, W. B. (1963). *Informal sociology: A casual introduction to sociological thinking*. New York, NY: Random House.

Flynn, J. R. (1987). Massive IQ gains in 14 nations: What IQ tests really measure. *Psychological Bulletin, 101*, 171-191.

Flynn, J. R. (2012). *Are we getting smarter?: Rising IQ in the twenty-first century*. Cambridge, NY: Cambridge University Press.

Hart, D. (1994). *Authentic assessment: A handbook for educators*. Parsippany, NJ: Dale Seymour.

OECD (2007). *PISA 2006*, Vol. 2: Data. OECD.

Popham, W. J. (1999). *Classroom assessment: What teachers need to know*. Boston, MA: Allyn and Bacon.

Reynolds, C. R., Livingston, R. B., & Willson, V. (2009). *Measurement and assessment in education* (2nd ed.). Upper Saddle River, NJ: Pearson Education.

Seligman (1972). Learned helplessness. *Annual Review of Medicine, 23*, 407-412.

第 2 章

測驗結果的解釋

陸偉明

> 如果你能有夢想,你就能做到。
>
> ——華特‧迪士尼

> 分數是一時的,學生是永遠的;認真對待每一個孩子!
>
> ——作者自勉語

本章提要

就測驗的結果解釋方向來分,有常模參照與效標參照兩種。本章說明這兩種測驗在題目難度、範圍、使用方向等之不同,以利後續補救教學之用。

前言

　　從家長、學生和教師三個層面來看，考試有什麼樣的功用？教師能由考試結果的平均數和標準差，了解學生的學習狀況。在美國，學生的成績報告書，是每個家長獨自和教師進行一對一會談，了解學生的學習成績、學習情況，以及所面臨的問題，然後給予一些指導方針。值得注意的是，西方國家的學校是不排名次的，他們認為，孩子的分數和成績也是孩子的隱私，測驗結果主要是反映學生的學習狀況，在哪個單元學習得很好、哪個單元的學習還需要加強。當然，也有人會覺得他們對孩子過於寬容，造成孩子「doing bad and feeling good」（唐淑華，2010：31）；而東方式的教育則是對孩子較為嚴苛，作家吳淡如就曾提到自己考全校第一名還是被打，因為父母怕她心生驕傲，容易造成孩子「doing good and feeling bad」。你的看法呢？

　　當晚聽了二小姐導師的一席話後，我親身體會了什麼叫做尊重與鼓勵的教育，下面是女兒導師說的其中一段話：我不停地告訴孩子們，在這教室裡，沒有對與錯，只有試與不試。就算是錯了，也沒關係，因為那只是一個可以讓自己變得更好的機會。各位家長們……也請不要管班上其他小朋友的進度，每個孩子的個性都不一樣，教導的方式也不一樣，分數並不代表全部，我建議家長應該多花點精力在鼓勵和幫助孩子上。這是你孩子的學校，不是你的，請讓他們自己面對自己的問題。你們已經上過一年級了，這是你孩子的一年級，請放手吧，讓我盡我的職責，也給孩子一個跌倒跟爬起來的機會。

　　　　　　　　　　　　　　　　　　——紐約瘋媽 Janny Wang（2010：197）

和家長會談

　　在台灣，除了考試之外，我們更關心名次，這可能比分數的殺傷力還大。小學生高高興興地揹著書包去上學，然後學著在考卷上寫下名字、學著將題目畫上○或×，沒有想到還有後續呢！爸媽會收到一張成績單[1]，上面不是告知孩子寫字如何、閱讀如何、算數如何、與他人相處如何，而是在全班的名次！從此風雲變色、日月無光，學校一點也不好玩了（想想孩子若喜歡海賊王漫畫，但一旦該漫畫入題，光景又不同了）！孩子會被問：「你夠不夠用功？」「為什麼比不上其他同學？」父母也會有很大的壓力與焦慮，自問：「我的孩子是不是有問題？將來怎麼辦？[2]」從什麼時候開始，家人親戚之間的問候不是「你好嗎？」而是變成「這次考得怎麼樣？」因此測驗分數的解釋，比測驗本身有更多的負面後果，值得為人師表者注意。

　　假設學生的考試成績出來是 PR65，老師要如何從報表的這個數字做出對學生的評斷？美國的評量基礎委員會（Committee on the Foundations of Assessment）提出「評量三角」（圖 2-1），藉以說明所蒐集的評量證據來進行推論的過程（王前龍等譯，2006：4-6；Pellegrino & Chudowsky, 2003）。第一項是教師對學習以及能力發展的認知，若認知缺乏或不夠正確，則教師對蒐集到的證據並不會解釋或者是解釋錯誤。第二項是觀察，包含各種工具，如教師自編或標準化測驗、作業或檔案等等。妥善安排這些評量方

1　瑞典的小學沒有成績單，也沒有排名比較。學生最重要的任務是理解自己、超越自己。和北歐其他社會主義教育理念一樣，人人都重要。

2　東亞如日本、韓國以及新加坡都有很大的考試壓力，新加坡有些父母甚至會讓孩子從幼兒園就開始補習。但為何亞洲人總愛「贏在起跑點」？公視《你的孩子不是你的孩子》一劇道盡台灣家長的分數至上心態。

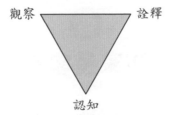

觀察　　　　詮釋

認知

圖 2-1：評量三角

資料來源：Pellegrino & Chudowsky (2003).

法並配適各項學習任務是相當必要的。最後是詮釋，教師可針對蒐集來的資訊進行判斷並找出意義。這三個成分相輔相成，關係到學生是否能妥善學習，以及老師是否能有效教學。

在教育部（2015）《十二年國民基本教育課程綱要》總綱（以下簡稱《十二年國教總綱》）中對學習評量有以下說明：「學習評量報告應提供量化數據與質性描述，協助學生與家長了解學習情形。質性描述可包括學生學習目標的達成情形、學習的優勢、課內外活動的參與情形、學習動機與態度等。」所以老師在寄出成績單之前都需要做功課。事實上，比較適當的方式應是給學生一些標竿，然後可以設定一些成績的狀況，例如：進步或退步。教師可舉例讓家長了解學生的學習狀況，例如：平常作業或考卷；先描述學生在學習上的優點，再提出可以增強的部分。鼓勵家長參與談話和提問，最重要的是聚焦於改進方案，讓教師與學生、家長三方共同協商，訂定下一階段的學習目標與策略（歐滄和，2002：347）。和家長討論學生的測驗結果時，一定要很注意。對學生的正向描述是非常重要的，要做到友善、傾聽與小心建議，並以溫暖的態度接納家長意見。有時候家長與教師之間的溝通也不是那麼容易，教師需了解問題的答案本身可能並不是這麼重要，但態度卻是兩方能否正向溝通的關鍵。

班親會應該要注意的事項有：請家長坐在該子弟座位，並看一下抽屜；決定開會之目的——告訴家長學生的進步情況；把本次重點一一列出；正向、積極的開場白與態度，直至會議終了；舉例學生表現，或展示

學生作業。先描述優點,再說明須加強學習之處;鼓勵家長參與談話及提問;擬定改進方案,結束前將討論之重點再陳述一次或做成書面紀錄;別忘了以正向言語再描述學生一次。溝通技巧共有五要:友善、正向、傾聽、同理、小心建議;五不要:不爭辯、不問難堪問題、不議論他人、不拒絕家長建議、不要裝懂(王振世、何秀珠、曾文志、彭文松譯,2009:422-424)。

近年來知名作家的文章或流行文化的內容常被用在考題上,雖然這樣的方式能使考題富有創意與更加生活化,但當中也可能因文化背景差異而產生對考題認知上的不平等。不論考題如何變化,評量目的都不應走偏(侯文詠,2010)。所有的測驗成績都只是原始分數,但原始分數的資訊只是數據資料(data),並無法提供我們需要的資訊(information)。測驗分數會如何被詮釋,有以下**常模參照**(norm-referenced)與**效標參照**(criterion-referenced)兩種方式,老師在應用上都要相當嫻熟才行。

常模參照測驗

個別學生的分數測驗和團體的**常模**(norms)來比較,了解自己的相對位置,這種參照方式就是常模參照。常模是特定**參照團體**(reference group)在測驗的表現,也就是一個具有代表性(representative)的樣本團體在測驗上實際得到的分數之分布。受測者的分數就可和此常模比較,以找出其所在的相對位置。所以常模表就是原始分數與其衍生分數的對照表。例如國中基本學力測驗的常模就是台灣該年參加考生的表現,此團體分數的分布常會形成鐘形曲線,中等考生的分數集中在分布的中間,而分布兩端的考生較少。這種所謂「一試定終身」、大規模的全國考試的高利害(高風險)測驗都會使用常模來將受測者一分高下。這種測驗不在乎學

生日常的典型表現，而只要當天的最佳表現，學生常需要練習考古題以獲取高分，因此有反學習之慮[3]，更對學生造成壓力、影響其心理健康（Whitlam Institute, 2012）。相對的，芬蘭的學校不用考試，直到高中畢業前的大學入學考試一年可有兩次，考生可在 18 個月內考完所有科目，且都是問答題，並沒有標準答案，以降低高風險測驗所帶來的危害（林曉欽譯，2013：106）。

建立常模是標準化測驗的重要內容。常見的常模有發展性常模（包括年齡常模和年級常模）以及團體常模〔包括標準分數常模（standard score norm）和百分位數常模（percentile norm）〕兩種。常模也依規模之大小可分為學校常模、地區性常模和全國性常模。常模應具有代表性，須公布這是由多少人建構出來的；常模也要有適切性，應依據實際情形使用適當的常模；常模也應有新近性，盡量使用十年內建構的常模作參照（Reynolds, Livingston, & Willson, 2009: 65）。製作常模雖然耗時又花錢，但對使用者來說相當重要。

■一 發展性常模

發展性常模係指受試者在某項認知或動作技能的發展水準，據此所得到的分數，與參照團體中成員的普遍（平均）發展情形做比較，以了解受試者在個人發展歷程中的**相對地位**（relative position）。其特色是隨著年齡或年級會有所變化。例如：隨著年齡的增長，個體的字彙量和理解能力會不同，也就會有各**年級之當量分數**（grade equivalent score），即年級平均水準，常取**中位數**（median, Q_2）為代表。

3　常模測驗造成競爭，連老師也會作弊。2001 年起，美國陸續傳出各州老師作弊修改學生分數的事件，以避免學校總成績不佳（黃德祥等譯，2011：49-50）。歐巴馬總統的「奔向頂峰計畫」（Race to the Top, RTTT）將成績責任和教師薪資制度綁在一起，其競爭模式恐будет破壞了學校裡的合作與共學文化。許多州已改為學校績效獎金而不是給予教師個人（許添明，2010）。

二 團體常模

團體常模又稱組內常模，是將受試者的測驗分數與參照團體其他成員的得分情形相比較，以了解受試者的相對地位。團體常模常常使用一些統計方法，來決定受試者的相對位置，像是**百分等級**（percentile rank），也就是所謂的 PR 值，或是**標準分數**（standard score）。百分等級是指在一百個等級中，觀察分數所排到的等級位置。例如：假若常模團體中的成員有100 人，則百分等級 82 的受試者，代表其原始得分可以**贏過**團體中的 82人。百分等級容易解釋，所以在大型的重要國家考試中常常被使用。而標準分數與百分等級最大的差別，就是標準分數的原始分數必須是像鐘形的**常態分配**（normal distribution），因此百分等級的使用會較標準分數更為廣泛。百分等級與標準分數的詳細內涵，分述如下：

（一）百分等級

顧名思義就是將團體依人數切割成 100 等分，每段分數的切割點被稱為百分點，PR 值指的是在某個特定百分點以下，共包含了多少百分比的人數。例如：PR50，指的是這個分數的百分點以下有 50% 的人數。當我們知道測驗中每個人的分數，就可以劃記分數的次數與計算累積次數，進而計算出 PR 值；而從學生的成績排名（Rank），也可以算出該學生在總人數（N）的 PR 值。公式如下：

$$PR = 100 - (100R - 50)/N$$

例如：100 人的班級中，第一名的 PR 值即為：

$100 - (100 \times 1 - 50)/100 \fallingdotseq 99$，也就是說在 100 個人當中贏過 99 個人。百分等級和**百分位分數**（percentile point, P）是一體兩面，前者指的是觀察分數在團體中的等級位置，後者指的是某一等級所對應的分數。若 $PR_{50}=70$，指的是第 50 百分位（或 PR50）的分數為 70 分（請參看圖2-2）。

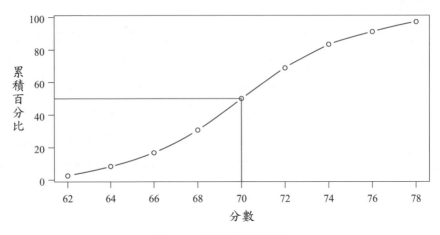

圖 2-2：百分位分數圖

　　百分等級的優點，在於一般人很容易了解其意涵；但它也有個問題，就是在將分數轉換為百分等級的時候，相同差距的原始分數可能被轉換成不同差距的百分等級。也就是說，百分等級並不具有等距（interval）的特性。當分數呈常態分配時，也就是大部分分數落在中分群，則此區的百分等級差距會變大，兩端高、低分群的百分等級差距會相對較小；當團體分數為正偏態（skew to the right），也就是多數觀察值都落在左邊低分群，則此區彼此的百分等級差距會變大，而高分群彼此的百分等級差距會變小；反之，當團體分數為負偏態（skew to the left），也就是多數觀察值都落在右邊高分群時，此區彼此的百分等級差距會變大，而低分群彼此的百分等級會變小。也就是說，只要是在分數集中區的受試者，原始分數相差不多，但可能會在百分等級上有很大的差異。

　　表 2-1 列出 18 位學生的原始總分，平均數在 70 分。我們可以觀察到，原始得分為 76 分與 78 分，才差 2 分，但轉換成百分等級後相差 5 級分。然而，68 分與 70 分也是相差 2 分，轉換成百分等級卻相差多達 20 級分。由此可知在原始分數裡較趨中的受試者，在百分等級當中的差距會被擴大；而兩端的極端分數在轉換成百分等級時，彼此之間的差距會被縮減。

表 2-1：原始分數和其他衍生分數

原始分數	Z 分	Rank	PR
78.00	1.94365	1	**97.22**
76.00	1.45774	2	**91.67**
74.00	0.97183	3.5	83.33
74.00	0.97183	3.5	83.33
72.00	0.48591	6	69.44
72.00	0.48591	6	69.44
72.00	0.48591	6	69.44
70.00	0.00000	9.5	50.00
70.00	0.00000	9.5	50.00
70.00	0.00000	9.5	50.00
70.00	0.00000	9.5	**50.00**
68.00	-0.48591	13	**30.56**
68.00	-0.48591	13	30.56
68.00	-0.48591	13	30.56
66.00	-0.97183	15.5	16.67
66.00	-0.97183	15.5	16.67
64.00	-1.45774	17	8.33
62.00	-1.94365	18	2.78

註：同分者之名次是取排位的中間值，如排位 3 與 4 就取名次 3.5，排位 5、6、7 就取名次 6，以此
類推。

Excel：等級觀察值→等級 1 指定給「最大值（L）」，如此最高分就會是名次 1。

國中基本學力測驗（以下簡稱國中基測）和大學學科能力測驗（以下簡稱大學學測）成績，也是一種百分等級的觀念，只是並非分成一百級分；國中基測每一科量尺分數範圍為 1 到 80 分（之前為 60 分），大學學測則為每科 15 級分[4]。其實學生在各科上的表現並非皆是常態，而是呈現偏態之現象。如圖 2-3 所示 100 學年度大學學測的結果，國文科與社會科的成績皆呈現負偏態的情形，數學科略呈正偏態，英文科則略呈雙峰狀態。所以雖然說五科加總、科科等值，但實際上由於各科分布不同，看考生是落在分布的哪一區，所換算出來的百分等級會有不同效應，考生不能不察！

　　另外，在這裡要提到測驗等化（equating）的觀念。國中基測題庫中的每道試題都透過「試題反應理論」（item response theory, IRT）的估計程序，所以每道題目的難度值皆是已知的，這與過去聯考的做法不同。透過 IRT 理論，能將試題難度連結在同一把尺上。在第一次基測考完後，基測中心根據考生各科的答對題數計算其量尺分數，同時也利用各科所有試題的難度和考生的作答表現，去估計考生各科的 IRT 能力值，最後得到各科量尺分數和其對應的 IRT 能力值。第二次基測不再根據答對題數計算其量尺分數，因為兩次考生群不完全相同，不過仍會利用各科所有試題的難度和考生的作答表現，去估計考生的 IRT 能力值。由於題目的難度已經被連結在同一把尺上，所以兩次測驗的 IRT 能力值是可以直接比較的，藉著透過 IRT 能力值，把兩次的基測量尺分數等化。因此，兩次基測的總分經過測驗等化機制，所以可以互相比較，並不會有兩次考試難度不同而產生不公平的問題。這就是為什麼國中基測可以考兩次。但要注意的是，因為每次測驗的總人數不相同，所計算出的百分等級所包含的人數

4　級分的計算是先將各考科學生依成績排序，算出最前面百分之一考生的平均數，以此除以 15 得到級距，而後依次往下分為 15 級。假設有十萬名考生，百分之一則有一千位學生。若他們的平均數為 90，除以 15 得 6，則從 90 往下一個級距，85 分以上為 15 級分，79 到 84 分為 14 級分，以此類推。

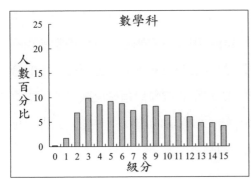

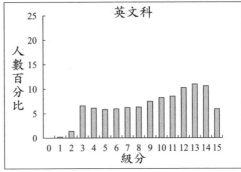

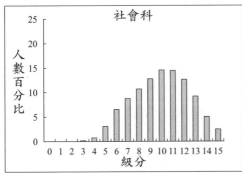

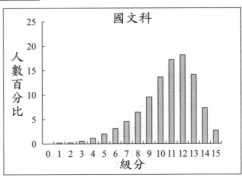

圖 2-3：100 學年度大學學測各科級分人數百分比分布圖

資料來源：大學入學考試中心統計資料（https://ceec.edu.tw/xmdoc?xsmsid=0J018604485538810196）。

並不相同，故測驗分數通知單上所提供的 PR 值是無法直接比較的。最後要補充說明的是，一般考卷的分數設計是用等距的概念，然而考卷裡也不是題題等值的；各題難易度不相同，配分也應有所不同，但目前常用的考試形式仍無法做到。所以學生分數上的差距其實難以精確反映出他們實際能力的差距。也就是說，同樣考 84 分，但答對的題目不一樣，能力也可能並不相同，這就是傳統考試的先天限制。

（二）標準分數

假設原始分數資料的分配符合常態，每位受試者之原始分數（x）減去平均值 $\overline{X}$，再除以標準差（s），即可成為標準分數（z 分數）：

$$z = \frac{x - \overline{X}}{s}$$

其中標準差（standard deviation, s）即為變異數的算術平方根，反映組內分數的離散程度：

$$s = \sqrt{\frac{\sum(x - \overline{X})^2}{n - 1}}$$

若原始分數高於平均數，其 z 分數會是正值；若原始分數低於平均數，其 z 分數會呈現負值；若受試者的原始分數等於平均數，則 z 分數會等於 0。舉例如下：

全班數學平均分數為 94 分，標準差為 2，則得 92 分的 B 生之 z 分數為

$$\frac{92 - 94}{2} = -1$$

通常 z 分數會介在 -3 到 3 之間，這個區間的人數占全體的 99%；除非有特殊需求，像是國中基測為提升學生分數的鑑別度，才將 z 分數的數值擴大到 ± 4，以涵蓋整個母體。

當某科的平均分數很高時，表示試題可能過於簡單；當某科的標準差很大時，則表示班上學生程度可能差異很大。從學生的原始分數，例如：

A 生的國文科為 80 分、數學科為 73 分，雖然國文科的成績較高，卻無法了解該生的國文科成績在班上贏過多少人；但只要知道國文科成績的平均數和標準差，就能計算該生的標準分數，也能知道學生的成績在常態分配裡的相對位置了，就可以將國文的標準分數和數學的標準分數一起比較。圖 2-4 為標準常態，其中 ±1 個標準差內所占的面積（機率）約為整體的 68%，±2 個標準差內所占的面積約為 95%，±3 個標準差內所占的面積約為 99%。因此可知，當學生的成績恰好為平均數時，表示成績恰好贏過約 50% 的受試者（即 PR=50）；如果學生的成績比平均分數高於一個標準差，則表示成績贏過約 84.13% 的受試者（50%＋34.13%）。

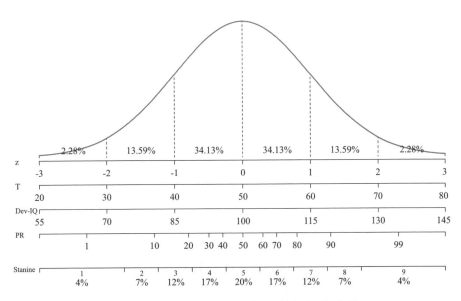

圖 2-4：標準常態、z 分數和其他衍生分數

標準 z 分還有一些衍生分數，以下一併介紹。

1. T 分數

由於 z 分數牽涉到負值，實務上較少直接使用 z 分數作為學生測驗結果的解釋，一般而言，成績單上所使用的大都為平移轉換後的標準分數，例如 T 分數。T 分數的平均數為 50，標準差為 10。公式如下：

$$T = 10z + 50$$

前例中 B 生的 z 分數經過平移轉換後，得到 T 分數為 40 分。

$$40 = 10 \times (-1) + 50$$

2. 離差智商

最早所謂的智力商數（intelligence quotient, IQ），是將受試者比西智力量表（Binet-Simon intelligence scale）所得之心理年齡（mental age, MA），除以實際年齡（chronological age, CA），再乘以 100。計算方式：

$$IQ = \frac{MA}{CA} \times 100$$

不過 IQ 到了現在，通常指的是透過 z 分數線性轉換後的離差智商（deviation IQ）。目前華人社會常用的兩個智力量表，其一為比西智力量表，它的平均分數為 100，標準差為 16，公式如下：

$$BSS = 16z + 100$$

另外一個為魏氏智力量表（Wechsler intelligence scale），也就是目前的中華智力測驗，平均數為 100，標準差為 15，公式如下：

$$WISC = 15z + 100$$

目前《身心障礙及資賦優異學生鑑定辦法》中明訂，智力測驗結果的絕對值超過兩個標準差的學生，即可進入特殊教育體系（教育部，2013），而這個範圍的學生大約占全體的 5%。因此每 100 位學生當中，平均可能出現 2.5 位資優生和 2.5 位智能障礙學生。這就是為什麼一般教師也需要接受特殊教育的訓練，因為按照上述比例，每個班級都可能出現

1 到 2 位較特殊的學生，需要融入原本的教育環境、回歸主流，也需要**個別化教育計畫**（IEP）。

第 3 條

　　本法第三條第一款所稱智能障礙，指個人之智能發展較同年齡者明顯遲緩，且在學習及生活適應能力表現上有顯著困難者。

　　前項所定智能障礙，其鑑定基準依下列各款規定：

一、心智功能明顯低下或個別智力測驗結果未達平均數負二個標準差。

二、學生在生活自理、動作與行動能力、語言與溝通、社會人際與情緒行
　　為等任一向度及學科（領域）學習之表現較同年齡者有顯著困難情
　　形。

第 15 條

　　本法第四條第一款所稱一般智能資賦優異，指在記憶、理解、分析、綜合、推理及評鑑等方面，較同年齡者具有卓越潛能或傑出表現者。前項所定一般智能資賦優異，其鑑定基準依下列各款規定：

一、個別智力測驗評量結果在平均數正二個標準差或百分等級九十七以
　　上。

二、經專家學者、指導教師或家長觀察推薦，並檢附學習特質與表現卓越
　　或傑出等之具體資料。

（引自教育部，2013）

3. 標準九

　　標準九（stanine）是標準九分（standard nine）的簡稱，它將受試者的原始得分按照高低分成九級，用 1 至 9 分來描述，中間者為 5 分，占全體受試者 20%；4 分和 6 分各占全體受試者的 17%，3 分和 7 分各占全體受試者的 12%，2 分和 8 分各占全體受試者的 7%，1 分和 9 分各占全體受試者的 4%。

效標參照測驗

　　效標參照又稱標準參照，顧名思義，這是要訂立一個特定的標準，受試者的測驗結果若達到標準就可通過，表示受試者在該學習單元或是內容上達到某個程度的理解。效標參照測驗的標準是固定的，例如以 60 分以上為及格，不到 60 分為不及格。所以這個絕對的標準和常模參照的相對性有所不同。效標參照測驗的目的，在於了解學生對於學習材料是否**精熟**（mastery）。只要學生能通過測驗所設定的精熟標準即可，並不需要與其他受試者相互比較。許多教師的形成性評量或證照檢定都屬於這一類型。

　　為配合十二年國民基本教育政策，降低考試對教育的負面影響，國中基測改由國中教育會考來取代，也從常模參照改由標準參照，針對各學科學習領域事先設定的學生表現標準，來評定「精熟」、「基礎」、「待加強」三個等級（如表 2-2），不再以 PR 值來互相比較。但由於從 2014 年起至少有 75％的學生將會免試入學，當免試入學超額時如何公平處理？原先教育會考的等級設計並非以升學為主要用途，因而各科在維持三等級的計分標準原則下，在精熟（A）等級前之 50％，再分別標示 A++（精熟等級前 25％）及 A+（精熟等級前 26％～50％），並在基礎（B）前 50％ 再分別標示 B++（基礎等級前 25％）及 B+（基礎等級前 26％～50％）。希望在社會大眾對於傳統的入學價值觀還未完全調整前，能順利過渡，未來在適當時機再減少標示數量（國立臺灣師範大學心理與教育測驗研究發展中心，2014）。這種做法是為了增加超額比序的鑑別度，另外各縣市又加上服務學習、擔任幹部和體適能等其他指標，其實又是無效比序。因此「免試升學」之外的「特色招生」，讓志願選填成了失序的賽局（林倖妃，2014）。需注意的是，多種指標的加總或加權還是單一指標、積分成單一標準，這是社會大眾習慣的方式，強調的是要具備十項全能，而多元指標

表 2-2：教育會考各科目「精熟」、「基礎」及「待加強」三個等級描述

等級考試科目	精熟	基礎	待加強
國文	能具備與教材相關的語文知識，並能深入地理解文本內容、評鑑文本的內容與形式。	大致能具備與教材相關的語文知識，並能大致理解文本內容、評鑑文本的內容與形式。	僅能具備部分與教材相關的語文知識，並有限地理解文本內容、評鑑文本的內容與形式。
英語(閱讀)	能理解主題較為抽象、訊息或情境多元複雜、語句結構長且複雜的文本，指出各類文本的主旨、結論與作者立場等重要訊息，並從文本結構、解釋或例子等做進一步的推論或評論。	能理解主題具體或貼近日常生活、訊息或情境略為複雜、語句結構略長的文本，指出文本主旨、結論與作者立場等重要訊息，並從文本的解釋或例子做出推論。	僅能理解主題貼近日常生活、訊息或情境單純且明顯、語句結構簡單的文本，僅能指出文本明白陳述的主旨、結論與作者立場等重要訊息，僅能藉文本明顯的線索做出簡單的推論。
數學	能做數學概念間的連結，建立恰當的數學方法或模式解題，並能論證。	理解基本的數學概念、能操作算則或程序，並應用所學解題。	認識基本的數學概念，能操作簡易算則或程序。
社會	能廣泛且深入的認識及了解社會科學習內容，並具有運用多元的社會科知識之能力。	能大致認識及了解社會科學習內容，並具有運用基礎的社會科知識之能力。	能約略的認識及了解社會科學習內容。
自然	能融會貫通學習內容，並能運用所培養的能力解決需要多層次思考的問題。	能知道及理解學習內容，並能運用所培養的能力來解決基本的問題。	能部分知道及理解學習內容。

資料來源：取自國立臺灣師範大學心理與教育測驗研究發展中心（2014）。

則是強調某方面的特殊才能就可被錄取。學校也需要去承擔發展特色與招生的責任，而不是期待官方設計出一個超複雜的評分系統，變成今天三輸的局面（政府、學校、學生）。

　　十二年國教的挑戰除了學校外部的會考之外，還要透過**低利害**（low-stakes）評量來帶動學校的教學並落實學生的學習，所以實施**以標準為本位的評量**（standards-based assessment, SBA）變成改革的趨勢（宋曜廷、周業太、曾芬蘭，2014）。各科設定小組都會訂定內容（content）標準與表現（performance）標準，且對各等級如進階（advanced）、優秀（proficient）、基礎（basic）、未達基礎（below basic）都會有描述，以利教師進行形成性評量如教學調整與補救，這才有更積極的意義。

難度與鑑別度

　　由於常模參照與效標參照測驗的目的不同，在試題分析時，各有其**難度**（difficulty）與**鑑別度**（discrimination）的指標。以下一一說明。

一 常模參照

　　先將學生成績分成高中低三組，各占 33%。P_H 為高分組之答對率，P_L 為低分組之答對率。

1. 難度：$P =（P_H + P_L）/2$。
2. 鑑別度：$D = P_H - P_L$。若 $D = 1$，表示高分組都能答對，低分組都錯，鑑別度為最高。

當試題難度（通過率）平均在 0.5 時，鑑別度為最佳。

　　常模參照測驗很重視鑑別度，這是因為在眾多考生中須區分出高下，但也容易造成考生分分計較的心態。圖 2-5 為 97 年大學學測社會科與自

然科的成績分布,社會科的前標與均標的原始分數只差 14 分(76.12 - 62.29),相對來看自然科的前、均標都有適度拉開(104.26 - 88.23),故一般來說自然科會比社會科的鑑別力高。

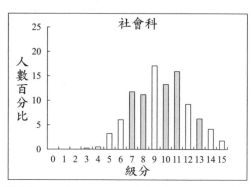

級分	0	1	2	3	4	5	6	7(底)
原始分數	0.00-0.00	0.01-6.92	6.93-13.84	13.85-20.76	20.77-27.68	27.69-34.60	34.61-41.52	41.53-48.44
人數百分比	0.00	0.00	0.00	0.06	0.47	3.27	5.99	11.73
級分	8(後)	9	10(均)	11(前)	12	13(頂)	14	15
原始分數	48.45-55.36	55.37-62.28	62.29-69.20	69.21-76.12	76.13-83.04	83.05-89.96	89.97-96.88	96.89-132.00
人數百分比	11.17	17.01	13.20	15.87	9.15	6.22	4.16	1.71

註:以灰色表示之級分分別為底標、後標、均標、前標以及頂標。

圖 2-5:97 年學測之社會與自然科之級分分布圖

資料來源:大學入學考試中心統計資料(https://www.ceec.edu.tw/xmdoc?xsmsid= 0J018604485538810196)。

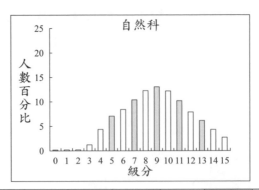

級分	0	1	2	3	4	5（底）	6	7（後）
原始分數	0.00- 0.00	0.01- 8.02	8.03- 16.04	16.05- 24.06	24.07- 32.08	32.09- 40.10	40.11- 48.12	48.13- 56.14
人數百分比	0.01	0.01	0.13	1.25	4.29	6.98	8.36	10.36
級分	8	9（均）	10	11（前）	12	13（頂）	14	15
原始分數	56.15- 64.16	64.17- 72.18	72.19- 80.20	80.21- 88.22	88.23- 96.24	96.25- 104.26	104.27- 112.28	112.29- 128.00
人數百分比	12.24	13.00	12.17	10.16	7.88	6.14	4.35	2.68

註：以灰色表示之級分分別為底標、後標、均標、前標以及頂標。

圖 2-5：97 年學測之社會與自然科之級分分布圖（續）

二 效標參照

1. 難度：此即為教學預設的精熟程度。若設定 85% 學生可通過的精熟水準，難度指標就在 85%，也就是學生的預期通過率。

2. 鑑別度即**教學敏感指標**（instructional sensitivity）（陳新豐，2015：205）。

D＝P 後測－P 前測，即前後測答對率之差異。D 值越接近 1，表示對教學的敏感性越大。這個指標也可用精熟組的通過率減去未精熟組的通過率。

最後補充說明，常模參照的信度分析著重在測驗分數的穩定性（一致性）。影響其信度的主要因素有試題題數與分數分配，題數越多、分數分

配越大，信度越好。但相對於常模參照，效標參照的信度分析則在探討受
試者分類為精熟與未精熟的一致性。如使用百分比一致性係數（percent
agreement），P_a：

$$P_a = (a+d) / N$$

（N 為總人數，參看表 2-3）

表 2-3：精熟與未精熟之細格人數

前測		後測	
		精熟	未精熟
	精熟	a	b
	未精熟	c	d

結語

　　常模參照與效標參照有許多的不同（郭生玉，2004：329；黃德祥等
譯，2011：85），筆者以表 2-4 作一整理。

表 2-4：常模參照與效標參照之比較

	常模參照	效標參照
參考對象	常模，即團體中所有受試者之評量結果（相對性標準）	事先所訂定之評量標準（絕對性標準）
目的	比較受試者與他人的差異。適合於行政上做決策之用，如分班編組、評定等第、擇優汰劣或鑑定。如大學學測	了解受試者本身已學會或尚未學會的部分，確定受試者的精熟度。如國中會考
結果解釋	根據個別分數在參照團體中的相對位置來解釋評量結果：使用百分等級、標準分數、年級常模	根據事先訂定之評量標準來解釋評量結果：及格或不及格、通過或不通過、精熟或不精熟
適用時機	安置性評量、總結性評量，這兩者的取材範圍與試題難度都較相近	形成性評量、診斷性評量
分數變異性	變異性越大越有鑑別度	變異性小
測驗內容範圍	內容較廣泛，題型也較多	有明確的內容範圍，只包含幾個目標
測驗內容取樣的完整性	每個目標包含一兩題	每個目標包含三題以上
試題編製	太難或太簡單的題目無鑑別度會被刪除，盡量編製有誘答選項的試題	試題要能反映效標、能與效標相關聯，要測量的知識必須能被明確定義。題目難度既然和學習內容相配合，故可能有極容易或極難的題目
難度（答對平均人數）	50%	80% 至 85%

最後要提醒，所有的測驗在使用與解釋時，都要謹守專業人員倫理守則，以台灣心理學會（2013）為例，針對測驗、衡鑑（assessment）與診斷的守則共有九點：

1. 心理學專業人員應尊重測驗及衡鑑工具編製者的智慧財產權，未經其授權，不得予以占有、翻印、改編或修改。

2. 在編製或修訂心理測驗和其他衡鑑工具時，心理學專業人員應遵循既定的科學程序，並考量社會文化脈絡，遵照台灣心理學會的標準，使測驗能達到標準化。

3. 在使用測驗及衡鑑技術時，心理學專業人員應具備適當的專業知識和經驗，並以科學的態度解釋測驗，以提升當事人的福祉。

4. 在選擇測驗時，心理學專業人員應注意當事人的個別差異，慎重審查測驗的效度、信度及常模，選用自己熟悉而且對了解當事人當時心理狀態具有實用價值之衡鑑或診斷工具。測驗或工具的選擇，應是基於充分的心理學證據。

5. 在實施心理測驗或衡鑑時，應注意維持測驗的標準化程序，以保障測驗結果的可靠性和真實性。

6. 研究中有關心理測驗的使用與解釋需經過專業訓練。

7. 為避免產生誤導與不良效果，心理學專業人員在其報告中，應註明該次衡鑑或判斷結果之可靠度。

8. 測驗之原始資料、衡鑑或判斷報告及建議內容為專業機密，研究者應善盡保密之責任，未徵得當事人之同意不得公開。若無法避免一定要公開的情況，所公開的訊息應以當事人最大利益為考量。若為諮商、研究與教育訓練目的，而作適當使用時，不得透露當事人的身分。

9. 測驗應在合法的範圍內使用，且使用者應盡力保持測驗及其他衡鑑工具內容或技術的機密性，不得在大眾媒體展示或交由不具法定測驗使用資格者。在非專業性演講、撰文或討論時，只可使用模擬項目為例，以免因為一般大眾熟悉其特殊內容及相關之應試技巧，而損害測

驗之原有功能。

其中第 5 點提到標準化的施測程序，在課室情境中常有干擾，故教師在施測時一定要注意。若不符合標準化程序對受試者的分數解釋就不夠可靠。另外，在解釋受試者分數時，還要審慎提出報告，並注意可能造成的不良後果。第 7 點提到報告中應有可靠度的說明，以分數為例，宜以一段分數來取代一個分數點，這樣可呈現**測量標準誤**（standard error of measurement, SEm[5]），以免誤導受試者。舉例來說，若受試者得分為 80 分，而該測驗之 SEm 為 3 分，則可推估為受試者的真分數在（77, 83）這個區間內，我們對這個推估有 68% 的信心。若說受試者的真分數在（74, 86）這個區間內，我們對這個推估有 95% 的信心。故考量測量誤差，以區間（一段分數）來呈現為宜；因為我們現在所見的觀察分數，其實是真分數±誤差分數的結果。別忘了測量誤差的來源至少有以下四項——受試者、測驗本身[6]、測驗的實施、測驗的計分。測量誤差未必是錯誤（簡茂發等譯，2010：85），有時是隨機、有些可能是系統性的，但總是揮之不去。一個受試者的測驗分數，反映個體在測驗當時所有的知覺經驗，一個測驗也不可能做到**無文化差異**（culture free），只能盡量選擇大家有共識的內容（李茂興譯，2002：438）。這些是我們在解釋分數時一定要謹記在心的。

問題討論

一、「常模」（norm）與「標準」（standard）有何不同？為何測驗常模不能當作良好表現的標準？請至少指出三項判斷常模適切性的要素，

5　$SEm = S_x \sqrt{1 - r_{xx}}$，可見測量標準誤會受到測驗的標準差與信度大小的影響。信度是測驗分數穩定性的指標，而影響信度的因素主要在測驗的題數。

6　2011 年起大考中心向高中老師公開徵題，以充實題庫、解決考題忽難忽易的問題。

並分別舉例說明常模與標準的適用時機或情境。

（101 年公務人員特種考試身心障礙人員考試—教育測驗與統計概要）

二、高風險測驗引起許多教育工作者的批評，但為何仍盛行不衰？教師面對班上成績低落的學生，又該如何扭轉高風險測驗對他們的影響？

三、以下有兩個班規都是跟成績有關，你覺得這樣的班規合適嗎？
「考試不及格者罰交 10 元充當班費」、「成績前幾名的同學可優先選擇打掃區域（教室或廁所）」（吳明隆，2009）

四、下列是學生在三種科目的成績：英文為 82 分（平均數 M＝78，標準差 SD＝10），數學為 72 分（M＝64，SD＝5），自然為 78 分（M＝66，SD＝6），就全班而言，請問他哪一科考得較好？

五、有一項全國性數學測驗得分是常態分配，其平均數是 50 分，標準差是 10 分，則 95% 的人成績大致落在哪段分數之間？

參考文獻

中文部分：

大學入學考試中心（無日期）。**統計資料**。取自 https://www.ceec.edu.tw/xm doc?xsmsid=0J018604485538810196

王前龍等（譯）（2006）。G. D. Borich & M. L. Tombari 著。**中小學課堂的教學評量**（Education assessment for the elementary and middle school classroom）。台北市：心理。

王振世、何秀珠、曾文志、彭文松（譯）（2009）。R. L. Linn & M. D. Miller 著。**教育測驗與評量**（Measurement and assessment in teaching）。台北市：雙葉。

台灣心理學會（2013）。**心理學專業人員倫理準則**。取自 http://140.112. 62.7/cpa/zh/psyethics/

吳明隆（2009）。**教學倫理：如何成為一位成功教師**。台北市：五南。

宋曜廷、周業太、曾芬蘭（2014）。十二年國民基本教育的入學考試與評量變革。**教育科學研究期刊**，59，1-32。

李茂興（譯）（2002）。K. D. Hopkins 著。**教育測驗與評量**（Educational and psychological measurement and evaluation）。台北市：學富文化。

林倖妃（2014，7月）。十二年國教何去何從。**天下雜誌**，551，81-89。

林曉欽（譯）（2013）。P. Sahlberg 著。**芬蘭教育這樣改**（Finnish lessons: What can the world learn from educational change in Finland?）。台北市：商周。

侯文詠（2010）。**不乖：比標準答案更重要的事**。台北市：皇冠。

唐淑華（2010）。**從希望感模式論學業挫折之調適與因應：正向心理學提供的「第三種選擇」**。台北市：心理。

紐約瘋媽 Janny Wang（2010）。**媽媽不必當超人：紐約瘋媽的 39 個教養小故事**。台北市：天下文化。

國立臺灣師範大學心理與教育測驗研究發展中心（2014）。國中教育會考之標準設定說明。**飛揚雙月刊**，85。取自 https://cap.nace.edu.tw/fly/103/1038505.html

教育部（2013）。**身心障礙及資賦優異學生鑑定辦法**。摘自 2013 年 9 月 26 日，取自 http://edu.law.moe.gov.tw/LawContentDetails.aspx?id=FL009187&KeyWordHL=&StyleType=1

教育部（2015）。**十二年國民基本教育課程綱要**。台北市：作者。

許添明（2010）。弱勢者學習協助計畫：不應只有補救教學。**教育研究月刊**，199，32-42。

郭生玉（2004）。**教育測驗與評量**。台北市：精華。

陳新豐（2015）。**教育測驗與學習評量**。台北市：五南。

黃德祥、洪福源、張高賓、劉文英、郭國禎、黃財尉、許忠仁、游森期（譯）（2011）。T. Kubiszyn & G. Borich 著。**教育測驗與評量：教室應用與實務**（Educational testing and measurement: Classroom application and practice）。台北市：心理。

歐滄和（2002）。**教育測驗與評量**。台北市：心理。

簡茂發、邱世明、王滿馨、林政逸、馬榕曼、鄭毓霖（譯）（2010）。H. B.
　　Lyman 著。**測驗分數及其意義：分析與應用**（Test scores and what they
　　mean）。台北市：心理。

英文部分：

Pellegrino, J. W., & Chudowsky, N. (2003). The foundations of assessment.
　　Measurement: Interdisciplinary Research and Perspectives, 1(2), 103-148.

Reynolds, C. R., Livingston, R. B., & Willson, V. (2009). *Measurement and
　　assessment in education* (2nd ed.). Upper Saddle River, NJ: Pearson Education.

Whitlam Institute. (2012). *The experience of education: The impacts of high stakes
　　testing on school students and their families.* Perth: University of Western
　　Sydney.

第 3 章

補救教學概說

陸偉明

> 每個人都有自己的發展時區，
> 向別人學習，跟自己比，
> 活出自己的生命！
>
> ——作者自勉語

本章提要

本章首先介紹弱勢與成就低落的概念，以及三層級學生學習支援系統、補救教學實施的三個原則與哲學思考；接著說明成就低落的診斷與教師應有的準備；最後介紹文化回應的教學。

前言

　　1996 年**教育優先區**（educational priority area, EPA）計畫啟動，教育部開始對教育不利學生有潛能開發班、課後照顧、補救教學，2012 年開始之學習支援系統之對象則是全體學生。之前的教育不利條件，主要鎖定在**弱勢**（disadvantage），也就是：（1）經濟不利（低收入戶、單親家庭、隔代教養）；（2）文化不利（原住民、新移民）；（3）地理不利（離島偏遠[1]）三項。根據許添明（2010），我國經濟不利學生占全體學生 13%。不利隱含有缺失的意思，所以要提供**補救**（remediation）教育；文化剝奪（deprivation）則是要提供**補償**（compensation）教育。不論如何，都不能單只用經濟上的貧窮來定義，而主要是以資源無法取用（access）的概念來思考才正確（唐淑華，2011）。1999 年通過的《教育基本法》保障人民受教育的權利。而在美國 2004 年《特殊教育法》通過後，如何降低被鑑定為學習障礙的人數、積極提供**介入反應**（response to intervention, RTI），讓每個學生都能融入普通班、多層級的**學習支持**（learning support）系統就應運而生，這才能全面預防**成就低落學生**（low achiever）的產生。傳統的**補救教學**（remedial instruction）有學生被動且不足的意味，目前新近的**調整式**（adaptive）教學或**差異化**（differentiated）教學則更具積極性。之後在本書都會有所闡述。

學習支援系統

　　根據教育部 2012 年所頒布的《教育部十二年國民基本教育學習支援

1　2017 年 12 月 6 日公布之《偏遠地區學校教育發展條例》透過寬列經費、彈性運用人事、提高教師福利等措施協助偏遠地區學校永續發展。

系統建置及教師教學增能實施要點》，學生的學習支援系統共分為三層級（筆者整理如圖3-1）：

　　第一層級，差異化教學：針對不同程度與學習需求之學生，提供多元性學習輔導方案及教學。

　　第二層級，補救教學：針對已發生學習困難而未達基本學習內容標準之學生，提供學習輔導措施。

　　第三層級，特殊教育：針對無法以第一、二層級教學策略教導之學生，提供特殊教育措施。

圖3-1：三層級學習支援系統

　　再依照教育部2015年4月23日公布之修正《教育部國民及學前教育署補助辦理補救教學作業要點》（教育部，2015a），補救教學的實施原則有三：

1. **弱勢優先**：優先補助弱勢地區學校與學生。學生身分弱勢的條件有六——原住民、身心障礙人士子女、外配子女、中低收入子女、隔代教養及失功能（包含單親）家庭子女、身心障礙但經學習輔導小組認定受輔可提升學業成就者。

2. **公平正義**：給予弱勢學生積極性差別待遇。

3. **個別輔導**：由學校校長召集相關處室成立「學習輔導小組」，評估除了測驗未通過的學生之外，是否還有其他學生需要接受補救教學。每年除篩選測驗外，還有成長追蹤測驗。

2019 年 8 月教育部公布了《國民中小學學生學習扶助標準作業流程手冊》（教育部，2019a），將「補救教學」修正為「學習扶助」，以揭示提供低成就學生（而非學習表現欠佳）學習資源之精神，即早施以學習扶助提供更多學習機會以鞏固學生基本學力。以下就各執行細節說明之。

貳

補救教學的哲學思考

　　《教育基本法》第 4 條已明示：「人民無分性別、年齡、能力、地域、族群、宗教信仰、政治理念、社經地位及其他條件，接受教育之機會一律平等。對於原住民、身心障礙者及其他弱勢族群之教育，應考慮其自主性及特殊性，依法令予以特別保障，並扶助其發展。」所以補救教學的哲學思考來自教育公平與及早介入（陳淑麗、宣崇慧主編，2014：4）。前者不僅是要落實教育機會均等，更要考慮差異，亦即社會處境最不利的成員要獲得積極性的差別待遇。比如說美國早在 1965 年就推動啟蒙方案（Head Start），又稱及早開始教育；英國則自 1997 年開辦教育行動區（Education Action Zone），藉由社區裡各中小學學校的群集來建立夥伴關係，彼此挹注資源以改進教育環境。台灣也有以教育優先區裡的國中結合數個國小的試辦方案，以進行有效教學與學習，特別是對未達基礎學力學生之學習支持。

　　由於家長處在何種社會階層，就會對生活機會、生活方式、階級行動有影響，學生的學習機會自是不同。在 1966 年美國柯曼報告書（Coleman Report）或英國卜勞頓報告書（The Plowden Report）的調查都可以發現，影響學生學業成就的最重要因素不在學校，而是家庭。學校因素之外的均等其實很難實現，但我們要盡力將不平等的狀況予以減少。美國的哲學家Rawls 在《正義論》一書中就提到正義的原則——一是平等，二是差異原

則（the difference principle）（李少軍、杜麗燕、張虹譯，2003：56-57）。後者就是補償教育的實施。所以**教育機會均等**（equality of educational opportunity）的定義為：（1）每人都有相同的機會接受教育（義務強迫性教育，有教無類[2]、立足點平等）；（2）且在教育過程中應在同等的條件下接受適性教育〔分流（streaming）／分軌（tracking），因材施教〕（引自陳奎憙，2017：103），才是真正的平等（equity），也就是積極性的差別待遇（positive discrimination）之實施。這指的是不僅在投入（input）上講求均等，更是要在歷程（process）與方法上講求均等，最終達到結果（output）上的均等（姜旭岡，1998；溫子欣、秦夢群、莊俊儒，2016）；也就是從 equality of access 到 equality of participation，最終到達 equality of outcome（譚光鼎，2010）。教育機會均等已成為各國憲法保障的重心；此舉不僅保障個人，更促進了社會的和諧與進步，因為整體而言，教育提高了經濟人力素質（譚光鼎，2010）。別忘了美國公共學校之父 Mann 曾說過：

教育是人類環境中最重要的公平器，也是社會機器中的平衡轉輪。（Education is the great equalizer of the conditions of men, the balance-wheel of the social machinery.）（引自彭煥勝，2013）

若社會為開放型，個人成就不靠關係或繼承而是靠自己努力去競爭，這就是一個**功績主義的社會**（meritocratic society），大家各盡所能、各取所值。功能學派學者認為透過功績主義的考試制度與教育選擇，對學生的不公平影響可降至最低。不過，美國社會學家 Hopper 提出問題：教育選擇從何時開始？誰應該被選？（楊瑩，1999：59）所以衝突論學者認為考試制度只是形式主義的公平，除了學生個人能力與努力外，還有更多因素

2　孔子的有教無類（種類／階級），可說是最早的民主主義教育哲學。

影響著學生表現，尤其是家庭社經地位的影響，最後會變成**再製**（reproduction）而無法翻身。學習挫敗本只是一種行為，但後來卻變成一種身分（我是失敗者），難以擺脫（李芳齡譯，2017）。舉例來說，PISA 2006 年台灣數學表現雖是排名世界第四，但前後段學習落差卻是世界第一（詹永名、王淑俐，2018：31）。社經弱勢學生在 PISA 成功的比例，台灣為 10%，略高於 OECD 的平均（8%）（臺灣 PISA 國家研究中心，2011），所以我們必須要繼續努力。另外，依據 2019 年修正之《國民小學及國民中學學生成績評量準則》（教育部，2019b）第 12 條，學生畢業資格已上修為：「國民小學階段：……七領域有四大領域以上，其各領域之畢業總平均成績，均達丙等以上。……」故第 11 條明訂：「學生學習過程中各領域學習課程及彈性學習課程之成績評量結果未達及格之基準者，學校應實施補救教學及相關補救措施……。」所以我們一定要及早介入與補償，讓學生各取所需、回應多元性，才是真適性與實現社會公義（楊深坑，2008）。請注意上述的評量準則已改為有留級制度。法國也自 2018 年起重啟留級制度，但被視為最後方案，仍以推動補救教學為重。不過像芬蘭就認為留級會讓教育體系付出昂貴的成本代價，學生又背負著失敗惡名，陷入惡性循環，所以並無留級制度，而是以訂定個人化教學計畫並獲得專人幫助為主（林曉欽譯，2013：157）。該國就像日本一樣，補救教學是由資深且優秀的老師來負責，也就是秉持著「沒有後段班，只有引導班」、早期介入的理念（陳之華，2008：100），值得我們借鏡。

誰會參加補救教學？補什麼？

依照教育部《國民中小學學生學習扶助標準作業流程手冊》（教育部，2019a），首先要由學校依「應提報比率」，來提報參加篩選測驗之學生名

單及其測驗科目（領域）。應提報比率有分四種：

（1）一年級國語文與數學及三年級英語文：依學校前一年度，該年級各該科目（領域）之「年級未通過率」加百分之五計算應提報比率。

（2）二年級至八年級國語文與數學及四年級至八年級英語文：依學校當年度、各年級、各該科目（領域）個案學生數（含篩選測驗未通過學生及其他經學校學習輔導小組評估認定參加學習扶助之學生，以每年三月三十一日之數據為計算基準）加年級學生數之百分之五計算應提報比率。

（3）學校符合下列情形之一者，其每位學生均須參加國語文、數學及英語文測驗：

①原住民學生合計占全校學生總人數之百分之四十以上者。

②澎湖縣、金門縣、連江縣、屏東縣琉球鄉、臺東縣蘭嶼鄉及綠島鄉等離島地區學校。

③偏遠地區學校，其住宿學生總人數占全校學生總人數之百分之三十以上者。

④國中教育會考學校成績待提升之學校：國中教育會考國文、英語、數學三考科任兩科成績「待加強」等級人數（含缺考）超過該校「應考」人數百分之五十以上之學校。

⑤法務部矯正署所屬少年矯正學校及少年輔育院。

（4）偏遠地區、具特殊原因或符合本目之（3）之①、②、③之學校，得經地方政府同意調整提報比率。

至於受輔對象則有以下兩種：

（一）未通過國語文、數學或英語文篩選測驗之學生，依未通過科目（領域）分科目（領域）參加學習扶助。

（二）身心障礙學生經學習輔導小組認定受輔可提升學業成就者及其他經
　　學習輔導小組評估認定有學習需求之學生，依國語文、數學或英語
　　文之需求科目（領域），分科目（領域）參加學習扶助（該類學生
　　以不超過全校各科目（領域）總受輔人數之百分之三十五，且不得
　　單獨成班為原則）。

　　學習扶助學生同一科目（領域）以不重複參加課中及課後學習扶助為
原則。

　　過去全國統一的常模參照標準百分等級 35 以下已走入歷史。不過要
注意，教育部早期所用的詞「成就低落」指的是學習表現有明顯落後，還
是拿群體來比較，而非**低成就**（under-achievement）、潛能未發揮的意思
（張新仁，2001），但目前都已改為「學習低成就」。

　　補救教學開班人數以 10 人為原則，最多不得超過 12 人，最低不得少
於 6 人。編班方式以抽離原班並依學生篩選測驗未通過之實際學力程度分
科目開班，並得採跨年級方式混合編班。學期中之教學總時數以 72 節為
原則，各校得於 244 節之總量管制下彈性調整。一至九年級均得實施國語
文、數學，三年級以上始得實施英語文。至於國中會考之國語文、英語、
數學成績為 C 等第者，高中端可於學生入學前的暑假進行補救教學。

　　補救教學補什麼？基本學力——在學習後最基本的成就表現。依據
2014 年《國民小學及國民中學補救教學實施方案》，教育部已根據基本學
習內容發展出補救教學之內容，這是無論課程綱要如何改變或教材如何重
編、學生在該年級之工具學科中必須習得之內容。教育部國民及學前教育
署學習扶助資源平臺（Project for the Implementation Of Remedial Instruction,
PRIORI）（首頁如圖 3-2）整合了申報管理、測驗評量、師資培育，以及
補救人才的登錄與招募。補救教學基本學習內容就在「教學資源」項下，
目前公告的為 105 年度的國語文、英語科與數學科。

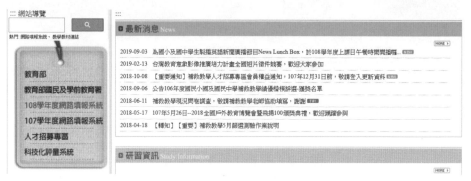

圖 3-2：教育部國民及學前教育署學習扶助資源平臺首頁

資料來源：https://priori.moe.gov.tw/

　　至於科技化評量系統頁面如圖 3-3，登入身份別共有：教師、國中小學校、教育（處）局、教育部等，各有權限，並有三級督導機制（中央對縣市政府、縣市政府對學校）。學校有五項指標：學校的提報率、施測率、受輔率、進步率、未通過率，其中進步率是以 T 分呈現。這些指標也都列為學校統合視導的優先項目。目前篩選測驗是在五、六月間進行，成長測驗則在十二月進行。有分紙筆與線上施測兩種

圖 3-3：科技化評量系統首頁

資料來源：https://exam.tcte.edu.tw/tbt_html/

　　在該首頁右下方可點選「學習扶助評量系統」，進入此系統後（如圖 3-4），在頁面最右方有練習卷可供學生使用。

圖 3-4：學生學習扶助科技化評量頁面

資料來源：https://exam2.tcte.edu.tw/teac_school/

施測後各學生的成果報告頁面如圖 3-5。

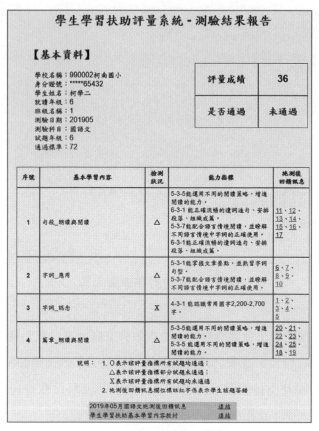

圖 3-5：學生測驗結果報告

　　從圖 3-5 可以看到，△表示部分學習內容之試題未通過；×表示所有試題均未通過。另提供「施測後回饋訊息」。點選後頁面如圖 3-6。除了提供該題的評量重點外，還會有教學的建議。根據科技化評量系統的結果，教師須採用「評量—教學—再評量」的循環歷程，來協助學生達到「基本學習內容」的各年級通過標準。

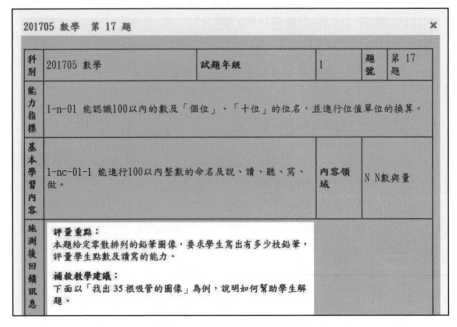

科別	201705 數學		試題年級		1		題號	第17題

201705 數學 第 17 題 ✕

科別	201705 數學	試題年級	1	題號	第 17 題
能力指標	1-n-01 能認識100以內的數及「個位」、「十位」的位名,並進行位值單位的換算。				
基本學習內容	1-nc-01-1 能進行100以內整數的命名及說、讀、聽、寫、做。		內容領域	N N數與量	
施測後回饋訊息	評量重點: 本題給定零散排列的鉛筆圖像,要求學生寫出有多少枝鉛筆,評量學生點數及讀寫的能力。 補救教學建議: 下面以「找出 35 根吸管的圖像」為例,說明如何幫助學生解題。				

圖3-6:補救教學建議內容

另外,由於學生參與補救教學的成效與家庭因素息息相關,教育部乃結合衛福部社會及家庭署之《推動弱勢家庭及少年社區照顧服務計畫》,進行家庭訪視及支持服務。再者,教育部資訊及科技教育司的「數位學伴」則是以大學生遠距教學的方式來提供補救教學服務。

教師應有的準備

在《十二年國教總綱》實施要點第六項「教師專業發展」下提到:「為持續提升教學品質與學生學習成效,形塑同儕共學的教學文化,校長及每位教師每學年應在學校或社群整體規劃下,至少公開授課一次,並進行專業回饋。」(教育部,2015b)公開觀課不是表演式的教學觀摩,這裡面其

實包含三階段：事前的共同備課、觀課與事後的議課。最後的議課是以學生為中心來討論如何可以使學生學得更好、老師又是如何引導學生，而不是對教師的個人批評。觀課是全新的設計，雖然多數老師並不排斥，但並不是都準備好「打開教室」，這的確需要時間。若貿然將教師觀課與否列入教師成績考核辦法辦理考核，又會產生負面的效應。當我們希望建立學生共學文化時，老師是否也能有共學文化，而不是成為「孤島王后／國王」（class king）呢？

　　孩子的成長需要幫忙，在班上我們能做得越多，不就越能減少孩子的學習挫折，減少進入到第二層級的補救嗎？所以第一層級真的是學校教育的核心！圖 3-7 顯示教師必須具有的三大類知能：敏覺於學生的狀況、學習理論、班級經營與教學策略，這些在本書以下各章都有所闡述。

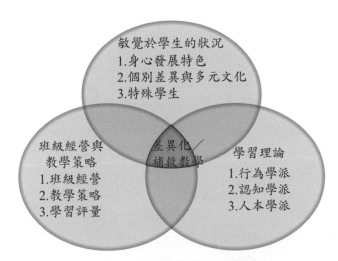

圖 3-7：差異化／補救教學教師所需的三大知能

　　我們都知道教學不是單純地照本宣科；教學與學習背後有很複雜的脈絡與情境，影響著老師與學生的諸多行為。教育的鉅觀面向如教育政策、社區、學校文化、家庭等因素都會交錯影響；學生身處的文化環境的確形塑了學生理解世界的方法與態度，但教師仍是學生學習的關鍵人物（如圖

3-8），統轄了學生的個別差異。補救教學的實施成效一直有學者在探討（余民寧、李昭鋆，2018），有人認為是經費不足[3]（以 103 學年度為例，經費約為 15 億），有人認為是資源錯置，也有人認為是師資不足。其實補救教學是相當專業且有難度的（曾世杰、陳淑麗，2010），多數成績不好的學生長期在負面的情緒之下，常自暴自棄。他們好像進入了「溺水模式」，想要脫離苦海卻苦無翻身機會。這時候教師可扮演美國批判教育學者 Giroux 所提的「轉化型知識分子」（transformative intellectuals），亦即教師雖然帶有社會壓迫的特質，卻也蘊含了協助學生轉化與解放的要素，更是教師的自我實現。補救教學由誰來教、怎麼教，其實比教什麼更重要（李弘善譯，2003）。

圖 3-8：由教師來統轄環環相扣的學生個別差異

---

3 花蓮源城國小唐宇新老師在均一教育學院發表〈補救教學惡性循環，親師生三輸〉一文，提到補救的精神是為了弱勢學生與家庭的自然機制，不是為了錢。

我們可以用以色列存在主義者 Buber（1937）在其《吾與汝》（*I and Thou*）書中的觀念來闡述師生的互動，是互為主體、互相尊重、真誠對話的關係——「我」把「你」視為世界、視為生命，但不是為了滿足「我」個人的需要而與「你」建立關係（我－它）。此原則不僅提醒教師不要因為自視為知識的權威、專業的代表，而將學生當作學習的機器（It），而非完整的人。肯定學生，「存在先於本質」，讓學生覺悟自己存在的重要性、能為自己選擇，並為此負責，是存在主義給我們的啟示。

教師可以採用多元文化教育的精神公平對待每一學生，珍視文化的多元性，以下是五個關鍵面向（Slavin, 2009: 140）：

1. 內容整合（content integration）：教師能使用不同文化的例子、故事、資料融入至學習內容。

2. 知識建構（knowledge construction）：教師能協助學生了解知識是如何被創造以及是如何受不同國族與社會階級所影響，我們需要學習從不同觀點去看事情。

3. 降低偏見（prejudice reduction）：這包含對不同文化的容忍與尊重態度，以及發展與不同人的正向關係。

4. 平等教學（equity pedagogy）：教師能針對不同的文化特性使用不同的教學方式，來促進不同學生背景的成功。比如研究顯示，非裔美國學生就喜歡合作而不喜歡競爭。

5. 增能學校文化（empowering school culture）：學校不會推行能力分班，且鼓勵與正視每個學生認知與情緒上的發展，對每一位學生都抱持高度的期望，會強調把每個孩子都帶上來。例如曾世杰與陳淑麗（2010）在台東實施的「反敗為勝學校實驗」，就是讓學校充滿閱讀氛圍。

由於我們教師多數來自中產階級，學校所教授的也主要是反映中產階級為主流的價值觀，使得不同文化與階級的學生處於不利的位置。推行多元文化教育的第一步就是所有學校老師都要了解學校的孩子，並檢視自己

的教學或學校活動有無不利於他們的偏見或作為（Slavin, 2009: 111-112）。美國非裔 Marva Collins 老師把廢柴全部教到上大學成為傳奇（郝廣才，2019），她最妙的方法是讓學生罰寫一百個原因，說明自己為何很棒，而且還要按字母順序排列從 A 寫到 Z。她告訴學生說：「我不會放棄你，我也不准你放棄自己！」讓學生明白在困境中其實都隱藏著機會。

結語

　　本章一開始對弱勢的定義是放在「不利」與「剝奪」兩個概念上，但是由於**文化回應教學**（culturally responsive teaching）的興起，將弱勢視為**差異**（diversity），就可從適性教育的觀點配合學生的不同而有更積極的詮釋（游家政，2010）。美國學者 Willis 在 1977 年出版了《學做工》（*Learning to Labor*），讓我們看到工人小孩如何「自願地」放棄階級向上而主動學習工人文化，也讓我們看到文化霸權的運作。弱勢並不只是在背景變項的缺陷（deficit），而是多項資源不足經年累加（additive）的結果，有許多隱藏規則是弱勢者子女無法理解或打破的（唐淑華，2011）。比如說學校或教師使用英國學者 Bernstein 所提到的精緻型符碼（elaborate code），而不是使用通俗性語言，就會讓文化弱勢者難以跟上（陳奎憙，2017：97，277）。所以教師要能從弱勢學生的文化層面去思考課程設計與教學，包括有原住民、新住民以及鄉土教育等多元文化的融入，而不是只用教師自己熟悉的文化模式與語言，尤其是只用主流文化的標準來評斷學生的學習行為。所以教師要能體認差異本就是人所具有的特性，教學的重心不在學生「不會」什麼，而是學生「擁有」什麼。教師應善用學生母文化作為鷹架（cultural scaffolding），不僅提升學生學習動機，更能創造一個安全、包容、有意義的學習環境，能夠**培力**（empower）學生、協助學生有成功經驗，欣賞並收割學習所帶來的價值，最終促進社會正義與平等（劉美慧，

2016）。

　　一般來說，當我們行為有錯時，會檢討：「我是哪裡犯錯呢？」相對的，當我們在學習時，我們即使不斷地弄錯，但那不是 mistake 而是 error，我們要自問的是：「我還需要再學習什麼呢？」（林望陽譯，1998：9-10）。教育最大的敗筆，是讓學生對做錯感到羞愧，進而失去學習的熱情！曹亮吉在《考試知多少》（2000）書中提及所謂「帶好每個學生」，就是讓大多數的孩子有足夠的時間與輔導，這樣他們都可以學得好。教師的教學，就是要將學生無法獨力完成的學習予以支持，「把燈提高，是為了要照亮更多的人」。教育有愛，學習無礙！以下列出優秀教師的七大原則（張世忠，2015：24）：

　　　　T（teacher）：不停止學習的教師

　　　　E（education）：啟發的教育

　　　　A（activity）：透過活動

　　　　C（communication）：以溝通作為橋梁

　　　　H（heart）：真心感動學生

　　　　E（encouragement）：鼓勵學生成長

　　　　R（readiness）：準備每一堂課

　　美國差異化教學提倡者 Tomlinson 教授提出老師所扮演的三個角色（張碧珠等譯，2018），分別是給學生鍛鍊與打氣的教練、帶領整團的交響樂指揮，以及即興創作的爵士樂手。其中教練的角色已被美國中小學大量使用且證實有效（Burns, Riley-Tillman, & Rathvon, 2017: 49-50）。老師可以針對班級的特性扮演不同的角色，希望我們的課室裡一直有著動人的樂曲！

問題討論

一、若你身為老師，發現某位學生的學習有落後現象，想送他／她去做篩檢測驗，你該如何向家長說明？「跟不上」、「落後」這些詞的使用為何會有問題？

二、以下句子可否重組，讓學生有不一樣的感受？

「什麼都不能跟人家比，誰像你一樣沒有用啊！」

→ _____

「這題你不是練好幾遍？笨得喔！」

→ _____

三、有人說用弱勢的條件來看待學生，反而是一種歧視。每個人都有弱勢與優勢，你認為呢？

四、OECD 認為太早的分流可能失之公允，但為了適性教學我們可能需要能力分組，你認為分流與不分流各存在哪些問題？

五、你是否有這樣的經驗：在過去的日子裡有一件事定義了你，可能是某次考試成績、爸媽的說詞、朋友的評論……？

參考文獻

中文部分：

余民寧、李昭鋆（2018）。補救教學中個別化教學對學生學習成效之影響分析。**教育科學研究期刊**，63，247-271。

李少軍、杜麗燕、張虹（譯）（2003）。J. Rawls 著。**正義論**（A theory of justice）。新北市：桂冠。

李弘善（譯）（2003）。B. L. McCombs & J. E. Pope 著。**搶救邊緣學生：引發被埋沒的學習動機**（Motivating hard to reach students）。台北市：遠流。

李芳齡（譯）（2017）。C. S. Dweck 著。**心態致勝：全新成功心理學**

（Mindset: The new psychology of success）。台北市：天下文化。

林望陽（譯）（1998）。G. Godek 著。愛：學校沒教的課（Love: The course they forgot to teach you in school）。台北市：大村文化。

林曉欽（譯）（2013）。P. Sahlberg 著。芬蘭教育這樣改（Finnish lessons: What can the world learn from educational change in Finland?）。台北市：商周。

姜旭岡（1998）。「教育優先區」政策在「教育機會均等」概念上的涵義與實踐——英美兩國的經驗與啟示。載於中華民國比較教育學會、中國教育學會（主編），社會變遷中的教育機會均等（頁 367-402）。台北市：揚智文化。

唐淑華（2011）。書評《理解貧窮的一種框架》。當代教育研究，19，195-206。

郝廣才（2019，5月）。把廢柴教到全部上大學。今周刊，1169，136。

張世忠（2015）。教學原理：統整、應用與設計。台北市：五南。

張新仁（2001）。實施補救教學之課程與教學設計。教育學刊，17，85-106。

張碧珠等（譯）（2018）。C. A. Tomlinson 著。能力混合班級的差異化教學（How to differentiate instruction in mixed-ability classrooms）。台北市：五南。

教育部（2012）。教育部十二年國民基本教育學習支援系統建置及教師教學增能實施要點。台北市：作者。

教育部（2013）。教育基本法。台北市：作者。

教育部（2015a）。修正「教育部國民及學前教育署補助辦理補救教學作業要點」。台北市：作者。

教育部（2015b）。十二年國民基本教育課程綱要。台北市：作者。

教育部（2019a）。108 學年度國民中小學學生學習扶助標準作業流程手冊。台北市：作者。

教育部（2019b）。**國民小學及國民中學學生成績評量準則**。台北市：作者。

教育部國民及學前教育署（2014）。**國民小學及國民中學補救教學實施方案**。取自 https://priori.moe.gov.tw/download/2014-2-5-10-15-30-nf1.pdf

教育部國民及學前教育署（無日期）。**國民小學及國民中學學生學習扶助科技化評量**。取自 https://exam.tcte.edu.tw/tbt_html/

教育部國民及學前教育署（無日期）。**國民小學及國民中學學生學習扶助科技化評量：學習扶助評量系統**。取自 https://exam2.tcte.edu.tw/teac_school/

教育部國民及學前教育署（無日期）。**國民小學及國民中學學生學習扶助資源平臺**。取自 https://priori.moe.gov.tw/

曹亮吉（2000）。**考試知多少**。台北市：心理。

許添明（2010）。弱勢者學習協助計畫：不應只有補救教學。**教育研究月刊**，**199**，32-42。

陳之華（2008）。**沒有資優班，珍視每個孩子的芬蘭教育**。新北市：木馬文化。

陳奎憙（2017）。**教育社會學**（修訂四版）。台北市：三民。

陳淑麗、宣崇慧（主編）（2014）。**帶好每一個學生：有效的補救教學**。台北市：心理。

彭煥勝（2013）。平衡轉輪。載於林逢祺、洪仁進（主編），**教育哲學：隱喻篇**（頁 187-194）。台北市：學富文化。

曾世杰、陳淑麗（2010）。補救補救教學：提升基礎學力的迷思與證據本位的努力。**教育研究月刊**，**199**，43-52。

游家政（2010）。弱勢學生課後扶助學習方案的規劃與實施。載於淡江大學師資培育中心暨課程與教學研究所（主編），**轉弱為強**（頁 3-24）。台北市：師大書苑。

楊深坑（2008）。社會公義、差異政治與教育機會均等的新視野。**當代教**

育研究季刊，16，1-37。

楊瑩（1999）。**教育機會均等：教育學的探究**（第三版）。台北市：師大
　　書苑。

溫子欣、秦夢群、莊俊儒（2016）。性別議題的國際教育統計指標探究。
　　載於溫明麗（主編），**教育機會均等**（頁 93-110）。新北市：國家教
　　育研究院。

詹永名、王淑俐（2018）。**補救教學：關懷弱勢者教育**。台北市：五南。

臺灣 PISA 國家研究中心（2011）。**臺灣 PISA 2009 結果報告**。台北市：心
　　理。

劉美慧（2016）。文化回應教學。載於劉美慧、游美惠、李淑菁（合著），
　　多元文化教育（四版）（頁 323-350）。台北市：高等教育。

譚光鼎（2010）。**教育社會學**。台北市：學富文化。

英文部分：

Buber, M. (1937). *I and thou* (translated by R. G. Smith). Edinburgh: T&T Clark.

Burns, M. K., Riley-Tillman, T. C., & Rathvon, N. (2017). *Effective school
　　interventions: Eidence-based strategies for improving student outcomes* (3rd ed.).
　　New York, NY: Guilford.

Slavin, R. E. (2009). *Educational psychology: Theory and practice* (9th ed.). Upper
　　Saddle River, NJ: Pearson.

第 4 章

補救教學實務案例研討

黃慧菁

給孩子一個希望，就是改變一整個時代。

——作者自勉語

本章提要

補救教學在我國已經推動二十餘年，其中不僅政策變動多次，也促動民間單位的興起，之後更帶動政府教育單位的省思與調整。2015 年起國教署與民間單位相互合作，讓更多學生與教師受惠。本章介紹目前在民間推動補救教學的三個單位——博幼社會福利基金會、永齡希望小學及均一教育平台。這三個單位立足於不同階段的補救教學，各有相似與不同的特色，來對政府所面臨的困境予以突破。

前言

　　我國教育從 1991 年初期至今，陸續推出對於教育不利的族群提供的政策，包含有教育優先區、潛能開發班、課後照顧、補救教學及學習支援系統等五種政策（洪儷瑜，2005）。尤其在 1996 年召開的教育改革審議委員會，有一項重點改革目標就是「把每一個學生帶上來」。從此，國中小就開始推動補救教學相關措施。從一開始為了弭平偏鄉及弱勢學童學習落差的問題，開始推動課後課業輔導計畫，到 2006 年開辦攜手計畫—課後扶助方案，學校開始重視學生學習落後的問題，後來整併攜手計畫及教育優先區兩大計畫，2011 年開始補救教學實施方案。2014 年實施修訂版之補救教學實施方案，目標為提升教學品質，優化補救教學的教學效能。

補救教學的執行

一　補救教學概說

　　補救教學要補救什麼呢？簡單來說，就是要補救學生使其獲致基本的學習內容。由於目前所推行的十二年國教強調**精熟學習**（mastery learning），因此學生能有基本學力以進行下一階段的學習至為重要。因前一階段的學習結果不足而無法順利進行現階段學習內容的學生，教師必須依學生個別差異找到多元教學策略，好提供一系列基本學力的再訓練，以強化學生可以順利進行現階段的學習（高淑芳，2014）。補救教學在教學上是一種「評量—教學—再評量」的循環歷程，期望學生能跟得上原班級的教學進度，且重視個案資料的蒐集、診斷評量，利用教學後的測驗了解

學生的實際學習狀況，並給予所需要的協助（張新仁，2001）。找出學生起點行為及學習迷思概念的診斷，是補救教學的第一步。所以補救教學是一個診斷式的教學方法，因應學童的個別差異及學習能力，從學童所不會的地方開始教起，將學童的基礎學習知能向下紮根。補救教學的類型可以分成三種——補救「之前」所不會的、補救「現在」不會的、補救「未來」的學習能力。目前民間單位（永齡基金會、博幼基金會）的補救教學方式皆採補救「之前」所不會的課程，並編製為學童量身訂做、因材施教的教材。

依教育部補救教學實施辦法規定，參與補救教學的學生由學校端先進行線上篩選，進行國、英、數三科的線上測驗，以取得學生在學習上的先備知識和能力資料。診斷出來的成績結果提供給學校、班級導師參考，讓老師們可以幫學童補救「現在」落後之處。吳武典（2000）指出學生對學習情境的喜愛程度，會影響他們的主動學習程度，進而影響學生的學習成效。所以提供學生學習情境相當重要，更能影響其在學習成效的展現。舉例來說，國立臺灣師範大學數學教育中心（無日期）自 2014 年起專案推動數學奠基模組活動，從課前為學習準備不足的學生奠立數學學習之基礎，經由活潑有趣的數學活動，激發學生對數學的興趣，引起數學學習動機。因此數學奠基活動就是經補救後，可發展出「未來」的學習能力。

雖然學校補救教學主要受輔對象為未通過篩選測驗的學生，但是影響學生學習的因素不是只單單依賴評量化系統就可以評斷。林建平（1997）指出影響學習的因素可分為外在、內在因素，外在因素指學習者所處的學校和家庭；內在因素指個人一些生理的、心理的因素，還可分為能不能學（學習能力）、會不會學（學習策略）、願不願學（學習動機）。對於「能不能學」的問題，應該去探究是學童的能力不足、或是受環境資源不足而影響學習能力，因此更需要有適性與多元的教材提供；對於「會不會學」的問題，應該去探究是學童本身的惰性缺乏努力、或是得不到一個好的學習方法，因此需要有適性的教學方法；至於「願不願學」的問題，應該探

究是學童有不在乎學業的想法、還是認為再多的努力學習都不會成功，有習得無助感的狀態，故需要增進學生自信心。

二 教育部補救教學執行困境

103 年度國民中小學補救教學實施方案全國補救教學承辦人員工作說明會中，教育部國教署的許麗娟組長提出補救教學實施方案核心精神和政策規劃的簡報，於教學輔導的問題分析中提到，執行層面上面臨以下困境（許麗娟，2014）：

1. 師資不足：因為現職教師課務繁重，如果課後仍需再上補救教學，造成較大的負擔。
2. 缺乏系統教學：教師在補救教學的現場，仍是多以指導課業為主，沒有教材可以提供給學童使用，導致教師無法了解補救教學課程品質。
3. 補救教學教材缺乏系統化整理：各縣市、民間團體皆有研發相關教材，但缺乏數位化補救教學教材讓學生自學使用。
4. 科技化評量系統操作問題：科技化評量由原本的常模參照調整為標準參照，試題的信度、效度、鑑別度需持續強化。此外，教師對於系統的操作與診斷報告應用之知能仍需加強。
5. 無法全面照顧有需要的學童：由於政府資源有限，且 102 年監察院糾正教育部等三機關（監察院，2013），指出教育部未落實辦理弱勢家庭課後照顧服務，改善學生學習低成就問題，因此顯現出弱勢家庭因素會影響學生學習成效。有些偏遠地區也會有師資不足的問題，需要民間資源挹注。

因此，教育部提出具體改善策略（許麗娟，2014）：

1. 教學輔導：建置教學輔導及支持系統，提供入班輔導服務。鼓勵退休教師、儲備教師投入補救教學，彙整各縣市優秀退休人員人才庫。
2. 教材教法：建立教學策略與分享平台，掛載博幼教材，建置數學輔助

元件，規劃英語線上平臺。

3. 評量系統：強化評量系統功能，委託專業機構研發試題並提升試題品質，利用診斷報告發現學生學習困難及改進教學策略，強化網路平臺個案管理系統。

4. 配套措施：結合數位學習線上服務，以遠端電腦為弱勢學生提供補救教學，且委託專業單位辦理補救教學成效後設評估，邀集民間資源投入補救教學。此外，加強家庭訪問功能，各級學校結合輔導社工支持系統，與衛生福利部社會家庭署挑選及培力社福團體與學校合作，進行家庭訪視及支持服務。

106 年教育部國民及學前教育署於補救教學實施方案核心精神和政策規劃的簡報中（教育部國民及學前教育署，2017），表示未來補救教學推動的重點有：

1. 到校諮詢與入班輔導人員培訓：了解教學現場的狀況並給予教學診斷與諮詢，協助教師增進教學知能，辦理補救教學相關研習課程。

2. 推動諮詢輔導系統工作坊與進階課程：整合補救教學諮詢輔導推動團隊，為入班輔導人員提升教學輔導能力，給予教學上的建議。

3. 多元發展補救教學模式：結合民間資源辦理補救教學，推動 Cool English（國中小學生英語線上學習平台：https://www.coolenglish.edu.tw/）支持學生多元學習。

4. 即早及時協助學生完成基本學力奠基：鼓勵學校即時於課中、暑假協助學童縮短學力差距，及早發現學生需求。

5. 各年級通過標準設定：讓學生完成基本學力的奠基，及早回到原班學習。106 年各年級通過標準訂定已改為：
   四年級以下：設定在篩選／成長測驗的 80% 答對率為通過標準。
   五、六年級：設定在篩選／成長測驗的 72% 答對率為通過標準。
   七年級以上：設定在篩選／成長測驗的 60% 答對率為通過標準。

6. 系統異動轉銜之轉出作業：國小六年級為結案之個案學生於每年 6 月 20 日前，主動於學生管理系統完成異動轉銜之轉出作業。國中於每年 6 月 30 日前完成新生個案學生轉入作業，及早於入學暑假規劃補救教學課程。

7. 匯集補救教學人才資源：除透過補救教學資源平臺的人才招募區，另建立各項人才資料庫，提供學校需求選用名單。

以上規劃的推動重點，期可達到有效教學、學力確保及學力監控，並透過專業團隊的協助，強化老師的職前及在職教育，並三級補救、三級管考，才能確保國民教育學力品質，達到因材施教的效果，讓大家看見每個孩子的進步。

民間補救教學單位介紹

隨著教育改革的推動，也引起民間的關注。首先推動補救教學的是教育改革的提倡者——李家同教授。當時身為國立暨南大學校長的李家同先生，認為教育上最嚴重的問題是「城鄉差距」及「公私立學校比例不均」，許多學童在這樣的問題之下被放棄了，導致弱勢學童永遠的落後。他於 2002 年成立博幼社會福利基金會（以下簡稱博幼），以 921 重創的災區為主，免費幫埔里和信義鄉弱勢家庭的孩子補習功課，有很多大學生加入這個行列，一起作義工，深信「窮困孩子的唯一希望來自教育」的理念，提升窮小孩未來的競爭力。博幼基金會成立後，也帶動了民間單位重視學童教育的氛圍。2006 年，永齡基金會向博幼請益，先於台北市試辦永齡希望小學課輔計畫，隔年開辦永齡希望小學，設置在偏鄉比例較高的縣市，又於 2010 年將希望小學課輔計畫擴及到都市型的縣市，共有 15 個

據點。2015 年起與國教署合作，將永齡教材公益釋出並進行師培推廣認證。至於「均一教育平台」之建置起於 2012 年，均一平台教育基金會整合科學與科技，落實個別化教學，這個網路平台能讓現場老師、家長及學生在學校或在家自學時皆可便利運用。藉由網路平台上的教學短片，運用互動式練習題直接在線上解題；運用徽章制度提升學生學習動機；教練的功能更讓學生遇到問題可以馬上解決疑惑。均一教育平台的理念希望可以搭起孩子學習的健康循環，以自我學習達到精熟學習，提升個人學習成就與動機，達成教育「均等」、「一流」的教學模式。以下一一說明之。

一 博幼社會福利基金會

博幼的補救教材類別可以分為三個科目：

1. 英文：國中小英文補救教學教材、博幼線上英文學習資源。
2. 數學：國中小數學補救教學教材、博幼線上數學學習資源。
3. 閱讀：中外經典閱讀、國際新聞週報／深入導讀、國際觀檢測網、國學常識檢測網、科學新聞新知。

以數學來說，博幼的數學教材，在國小數學部分主要分為**四則運算**（整數、分數及小數）和**非數**（時間、長度、面積、體積、容量、速率、幾何和統計圖表）兩種概念去劃分；也編撰國小各年級的四則運算用書，供民眾可以線上取用。國中數學教材內容主要分為代數、四則和幾何，依照三大概念設計教材。博幼的線上選題系統，將國中四則運算代數各章節依觀念分成數級，可在系統中點選所需的級別或卷次，幫助學生在學習上有更多的練習。博幼教材的最大特色是在線上就看得到；在均一教育平台線上系統的頁面中也設有一個專區，讓學生在使用均一教育平台時，同時也可以運用博幼教材來學習。當學生學完一個小單元，可以透過博幼線上提供的各單元檢測卷進行檢測，以掌握學習狀況，確保學習成效。

在英文教材部分，博幼會自編字母發音講義，也是目前永齡希望小學

仍有在使用的教材。另有文法教材，是針對中國人寫的英文課本，分為初級和中級兩個版本，其他尚有閱讀教材及單字教材，來提升學生英文閱讀量及單字量。每套也配有生字、課文、練習本及講義，供學生練習，並附有互動及朗讀光碟。其中，短文的內容是根據課本內所提到的文法，編寫出 5 至 8 句的短文，讓學生除課本的練習外，還可以使用短文來訓練語感。文法的內容分類共有二十個章節，內文含有大量題庫，可以電腦隨機選題製作練習單，穩固基本文法能力。

博幼的閱讀教材（https://boyo.org.tw/boyo/free-teaching-materials/2017-02-03-06-01-16）也是分為國小與國中，在國小階段就有國內外大事的新聞閱讀，許多是來自 CNN、BBC、FRANCE24、RT、ALJAZEERA、GUARDIAN 新聞網等媒體官網，相當具有國際觀。在國中的閱讀材料更分為科學與國學常識兩種，也有檢測考題。

博幼的教學特色為統一教學、統一進度、統一檢測，透過前測—分班—授課—檢測—授課—檢測—授課……以這樣的流程來學習，是博幼課輔教學的模式。

二 永齡基金會——希望小學弱勢學童課輔計畫

永齡的服務對象為家庭社經地位居於中下、且成績是班上後 50% 的學童。經老師確認學生有補救教學的介入需求，即推薦給學生家長，一同報名永齡的課輔班。永齡在補救教學的運作上分為三個方向：

1. 社工關懷：透過學校老師推薦報名學童後，由具社工背景的專業輔導人員走入家庭中，進行專業的家庭訪視。學童確認進班後，則不定期地進行關懷陪伴。

2. 課輔管理：透過七人的小班管理，進行分級教學，透過開學前的能力測驗進行分班，提供適合學童能力的教材。每月檢視學生的學習狀況，如果測驗成績未達 80 分，則會再讓學生精熟學習，直至可以通過為止。

3. 品格教育：永齡課輔班相當重視學生的出席率，如果學童無故缺席，將以退班處理，並相當注重學生的學習態度。

　　永齡在教材內容設計方面，於 2007 年成立台東教學研發中心，編製國語文教學教材；再於 2009 年成立中正教學研發中心，編製數學教學教材。從國語文教材來看，具備語文領域能力指標，依據閱讀理論架構進行編輯，其中教材內容以情境式編撰，並都配置有圖文搭配的課本、詳細教案的教師手冊、課堂中練習的習作、課後評量單及單元評量單、完整的教具如生字／生詞、延伸字／詞卡、圖卡等。再依據學生各年級應具備的能力，補充對應的字彙量，讓孩子不僅增進閱讀能力，也習得大量的生字。每一本教材的字彙量如下：一下 100 字，二上 150 字，二下 250 字，三上 350 字，三下 450 字。閱讀材料：四上 700 字，四下 1,000 字，五上 1,500 字，六年級以上 2,000 字。

　　在數學方面，永齡教材一共有國中小 16 冊，國小低中年級依年級劃分成兩冊，高年級依年級劃分為四回。內容依據九年一貫課綱，依照「數」、「量」、「形」當作學習的核心概念，強化單一概念的理解，依據該年級應具備的基本能力，細分為一至多個層次，以鷹架架構拆解重構、釐清迷思概念。為了讓生澀的數學增添活潑的內容，讓學生可以喜歡數學，以玩魔數為數學教材的主題，運用「魔數家族」打敗魔法王的故事來貫通整個數學教材，人物也用英文數字取名，讓學生可以邊學數學邊學英文，例如：舒莉（three）、瑞修（ratio）。數學教材亦有與學生相符的教師版課本可以提供給老師使用，每個單元都有教學叮嚀、教學指標及教學重點，並提供暖身題目和練習題組。

　　在英文方面，分為「永齡 starter」、「永齡 ABC」及「博幼初級英文」。永齡 starter 及永齡 ABC 是由新北市教師會研發，主要強化英文字母的練習及字母長短音的發音練習。目前使用的英文初級教材則是採用與博幼基金會合作編製的版本，因此與博幼基金會的版本相似。

永齡學生進入課輔體系時，會進行國語及數學的能力測驗，以掌握學生的學習能力，依照學生能力給予對應的教材。教學後，每月的課輔第三週會進行教學檢測，進行國、英、數三科的測驗，了解學生的學習狀況及釐清迷思概念。此外，2015 年永齡教材公益釋出後，永齡課輔師資培訓課程獲國教署採認，因此凡是要擔任永齡課輔教師必須先通過此培訓課程。同時永齡會建立講師及結業人員的資料庫，以供民眾查詢。

　　總體來說，教育部與永齡希望小學體制相比，差異如下：

1. 課輔時數：教育部的課輔時間一年總共 244 小時，永齡希望小學總加為 436 小時。

2. 施測篩選：教育部主要採電腦測驗為主，只要該科未達 80 分，該科就需要上補救教學班；永齡採用紙筆測驗，先下推兩個年級進行測驗，如果通過 80 分就繼續往上考，如果沒有則往下考，找到學生真正的學習落點之處。此外，永齡的學童都是需經由專員訪視後，確定真的有補救教學需求，才可進到課輔系統中。

3. 教師：教育部補救教學教師多採用學校教師或代課老師，但因為教師課後都已經疲乏，所以參與意願不高。永齡的師資多是大學生，一方面給予學生打工的機會，也讓他們學習回饋社會。而大學生大多經驗不足，所以班級經營的能力受到考驗。

4. 教材：教育部目前皆有把可使用的教材放在網路上（https://reurl.cc/M6Ob3），供老師們下載使用；永齡目前只能紙本教學，如果有教材使用的需要，需要線上填寫訂購單並透過庇護工場印製與送出。

5. 負責人員：教育部的補救教學多由學校的主任或是組長所承辦，不僅要忙於招生也要整理成效。一旦學校與永齡希望小學合作，所有資料整理都是由專員處理，學校行政上相較輕鬆許多。

三 均一教育平台

　　均一教育平台發現補救教學在有限的補救時間上，面臨了兩大挑

戰──診斷個別學習起始點和提供個別學習任務。因此補救教學的重要性就是讓學生從真正的起始點，開始蓋學習的房子，也就是所謂的「因材施教」。透過與美國可汗學院 CC 授權，他們在網路平台上建置主題式的評量，依據學生本身想要學習的科目進行點選，且不再只有英數兩個科目，而擴及到電腦科學、自然、社會、藝術與人文等各科都有不同的學習主題，也都配有中文化介面。以國小數學來說，其中的主題有數與量、空間與形狀、關係、統計圖表，不同的主題會有不同的模組，且從國小到大學學測的題型都有。均一教育平台的優勢是立即性的學習、立即性的回饋，同時設有教師專區，可以即時了解及掌握學生的學習狀況。

結語

不論是教育部的補救教學政策或是民間單位自行推動的策略，都各有其特色。綜合補救教學民間單位的執行方式，歸納如表 4-1，並說明如下：

表 4-1：補救教學民間單位對照表

	博幼社會福利基金會	永齡・鴻海台灣希望小學	均一教育平台
使用年級（始）	國小三年級	國小一年級（下學期）	國小一年級
使用年級（末）	國中三年級	國小六年級	高中三年級
教材取得	線上	紙本	線上
能力檢測	有	有	有
教師背景	大學生或社區人力資源	大學生	線上自學

1. 三個民間單位都從小學階段開始規劃教材。
2. 永齡希望小學主要服務國小，博幼主要服務到國中，均一教育平台在大學學測前均可以使用線上平台。
3. 除了永齡希望小學外，其他兩個民間單位的教材皆可以在線上取得。
4. 三個民間單位都有進行學生的能力檢測，尤其是永齡希望小學和博幼都有進行能力診斷，以了解學生的學習落點。
5. 永齡希望小學運用大學生來擔任課輔老師，博幼則因為駐點於偏鄉地區，所以運用在地大學生或社區現有人力。

　　要讓學生的學習有成效沒有捷徑，但一定有方法，在三大民間單位進行補救教學中，皆具有學習策略。學習策略可分為三種——認知策略、後設認知策略及資源管理策略。
1. 認知策略：複誦（如抄筆記、劃重點）、意義化（如摘要、提問、類比）、組織策略（如做大綱、畫組織圖）。
2. 後設認知策略：計畫（設定目標）、監控（自我測試）、調整（調整閱讀速度、應試策略）。
3. 資源管理策略：時間管理（預定進度）、環境管理（如了解哪裡是安靜區域）、努力管理（歸因方式）、尋求他人協助（如尋求師長或同儕協助）。

以永齡希望小學來看，在教學過程中不斷地讓學生精熟一個單元、教導學生解題技巧，並訂定每月學習目標，透過檢測來檢核及透視錯誤原因等等皆符合學習策略的要點。
　　從民間單位的補救教學可以發現，補救教學的教材是一個很重要的關鍵；在挑選教材給學生時，選擇要難易適中，鼓勵學生挑戰與犯錯，獎勵努力而非能力，要能有效提升學生的「勝任感」。教師要讓學生學習設定個人學習的目標，允許學生用自己的學習速度進步，並且鼓勵合作、培養

自我管理的能力。最後，提升學生的學習動機至為重要。再好的教學策略、再好的教材，都無法勝過學生的學習動機，唯有學生願意學、願意跨出那一小步，這樣補救教學才能有效。所以要喚起學生的學習興趣，將生活經驗帶入學習中，讓學生覺得學習是有趣味的。再者，要維持學生的動機，就是要創造他們的成功機會，提升學生的自我效能感，協助學生運用自主性的教學策略。最後，除了學生本身的條件外，良好的學習環境也能提升學生的學習動機，教師應建立互信的師生關係，鼓勵同儕之間相互合作學習。博幼和永齡希望小學一樣，都認為補救教學是介入家庭系統的最佳方法，以人為本位才能終極解決問題。

農場最好的肥料是主人的足跡，因為主人走得越多，播種就越多。老師也是如此，只要用心觀察、關懷每個學生，相信學生也能感受到而逐漸茁壯。

問題討論

一、請提出目前國教署在補救教學上面臨的困境有哪些？該如何因應與解決？

二、請說明教育部與民間單位所進行的補救教學，其優勢與劣勢各有哪些？

三、目前哪些民間單位有在進行補救教學？他們的執行特色各有哪些？

四、民間單位的執行模式掌握了哪些補救教學的要點，請舉例加以說明？

五、如果你是一名教師，你會如何關注有需要進行補救教學的學生？又會如何進行補救教學？

參考文獻

中文部分：

吳武典（2000）。**輔導原理**。台北市：心理。

林建平（1997）。**學習輔導：理論與實務**。台北市：五南。

洪儷瑜（2005）。學習輔導。載於鄔佩麗（編著），**輔導與諮商心理學**（頁 377-409）。台北市：東華。

高淑芳（2014）。每個孩子都需要被正視——談補救教學之實施。新竹市**教育電子報**，66，趨勢看台。取自 http://www.hceb.edu.tw/epaper/201308/tendency3.asp

國立臺灣師範大學數學教育中心（無日期）。**數學奠基活動模組開發**。取自 http://www.sdime.ntnu.edu.tw/zh_tw/page104/page1/page1_0

張新仁（2001）。實施補救教學之課程與教育設計。**教育學刊**，90，85-106。

教育部國民及學前教育署（2017）。教育部 106 年度國民小學及國民中學補救教學實施方案——全國教育局（處）補救教學業務承辦人員研討暨工作說明會。取自 https://priori.moe.gov.tw/index.php?mod=download

許麗娟（2014）。教育部 103 年度國民小學及國民中學補救教學實施方案——全國教育局（處）補救教學業務承辦人員研討暨工作說明會。取自 https://priori.moe.gov.tw/index.php?mod=download

監察院（2013）。教育部未落實辦理弱勢家庭課後照顧服務　改善學生學習低成就問題　監察院糾正教育部等 3 機關。取自 https://www.cy.gov.tw/News_Content.aspx?n=124&sms=8912&s=6825

第 5 章

低成就學生的心理特質與輔導

董旭英

了解學生是「不能」還是「不為」，才能擬定有效的輔導策略。

——作者自勉語

本章提要

本章主要在討論低成就學生的心理及行為特質，以及其輔導策略及方向。首先，回顧學業低成就的定義，再來說明其影響因素，其中包括個人因素，涵蓋身心障礙的特質；其次為環境因素，如文化背景、社經地位、家庭狀況等。低成就學生的心理及行為特質也在本章討論範圍之內，並以三個面向加以闡述——心理層次、學習行為、社會人際，詳細討論低成就學生除了學習成績低落外，還包括缺乏自我價值及自信、學習與成就動機不足、脆弱的人際關係等面向。最後針對低成就學生的心理及行為特質，提出具體的輔導方向與策略，除了提供適當的教材教法外，還可藉著小組及密集教學提升學習動機與成就經驗；老師也可應用班級經營的方式，加強低成就學生的自我價值感及人際網絡資源，進而培養他們的問題解決能力及正向思考。

前言

　　低成就學生的定義可以是在其學習表現為低於常模的 25%，而補救教學之對象最高可包括後 45%。此外，低成就學生的定義還可包括下列其中之一（曾柏瑜，2008）：

1. 能力和預期表現之間的差異：學業成績表現顯著低於其能力水準。
2. 能力低於所設定的標準：學業成績表現低於所設定的標準。
3. 能力低於一般人（常模）：學業表現明顯低於同儕、學業表現明顯低於該年級水準。

　　低成就學生的心理及行為特質甚為繁雜，而且每一個學生的影響因素不同，也會產生不同的心理及行為表現特色，導致對每一個學生的輔導策略與方向要有所不同。所以在規劃對低成就學生的輔導計畫時，首要需先了解造成低成就之影響因素，再掌握學生之心理特質，最後才能針對學習落後及負向行為設計適當的輔導策略，達到最大的效果。影響低成就學生的學習表現可包括個人因素及環境因素（如圖 5-1），除了造成學習成績低落外，還會產生一些特殊性的心理與行為特質，其中涵蓋心理面向、學習行為、社會人際，老師可依據低成就學生的這些特質，規劃具體之輔導策略。本章按照此一結構層次說明並討論，以勾畫出低成就學生的心理及行為特質與輔導策略之清晰圖像。

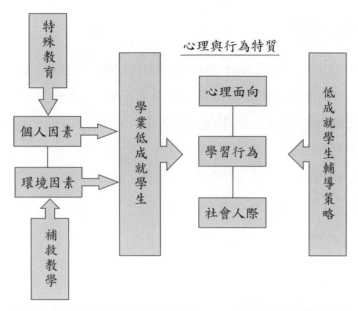

圖 5-1：低成就學生的影響因素、心理特質與輔導結構圖

學習成就低落的成因

一 個人因素

（一）學習障礙

依據《身心障礙及資賦優異學生鑑定辦法》（教育部，2013），第 10 條提到學習障礙是指「神經心理功能異常而顯現出注意、記憶、理解、知覺、知覺動作、推理等能力有問題，致在聽、說、讀、寫或算等學習上有顯著困難者；其障礙並非因感官、智能、情緒等障礙因素或文化刺激不足、教學不當等環境因素所直接造成之結果」。由於學習障礙學童在聽、說、讀、寫、算等能力具有發展困難，故造成學習表現落後於一般同學。

（二）智能障礙

林寶山與李水源（2000：208）依據美國智能障礙協會，歸納智能不足者三項準則：智力明顯低於同年齡之平均水準（比西量表 78 分以下或魏氏智力測驗 70 以下）、不能適應社會生活、智能測量在出生至十八歲其間。智能不足之學童具有下列學習症狀：學習速度慢、缺乏創造力、注意力不易集中也不能持久、較缺乏短期記憶、概念性與組織能力差、對老師之教學不了解，導致學習表現低落。

（三）感官障礙

在討論感官障礙影響學童學習表現上，主要針對視覺與聽覺障礙。前者是指個人矯正後眼睛所測量出之最優視力未達 0.3，看東西角度無法超過 20°，而所謂全盲者是指其最優眼視力未達 0.03。另外，因為聽力損失導致語言接收或表達困難影響其學習，稱聽覺障礙（林寶山、李水源，2000）。視覺或聽覺受損程度使其無法再從事或影響學習，這些都稱為教育上的感官障礙。學童之視力及聽力具有障礙性，當然會影響其學習態度及投入程度，也會導致學習表現低落。

（四）情緒障礙

依據《身心障礙及資賦優異學生鑑定辦法》第 9 條，情緒行為障礙是指「長期情緒或行為表現顯著異常，嚴重影響學校適應者；其障礙非因智能、感官或健康等因素直接造成之結果」。情緒障礙學童具有焦慮、退縮和沮喪等症狀，故在學業方面表現較差，特別是在閱讀、數學領域。另外，語言發展在表達了解上有困難，也會造成學業成就低落。

（五）注意力缺陷及過動

學童具有注意力不足過動症（ADHD），其特徵為腦部發育較慢，所

以比同年齡的同學有較遲緩發展的認知功能，包括注意、記憶、組織、反應等能力，以及無法控制情緒而產生衝動及過動的行為（陳錦宏，2016）。由於上述的症狀，讓注意力不足過動症學童之學習成就會較為低落。

二 環境因素

（一）文化語言殊異

　　部分學童的低學業成就，其原因可能是文化背景及語言與身處社會之主流文化及語言之差異所造成，這是由於文化及語言是生活適應及學習過程的重要工具，明顯的例子如原住民、移民，以及部分台灣新住民之子女。依據教育部（2005）調查東南亞籍配偶所生之國小子女的學業成就表現與生活適應狀況，結果發現這些學童在語文領域表現上與一般學童表現相差不大，但數學領域之成就則較為落後；其中少數在語言發展上較遲緩，而隨著年級之增加，差別之情況便漸漸消失。這可能是家庭社經地位低落扮演著重要的影響因素（陳玉娟，2009）。

（二）社經條件弱勢

　　許多學業低成就的學生來自於低社經家庭，這是由於社經條件弱勢家庭無法提供學童充足的文化資本及社會資本，故降低其學習動機，導致於學習表現低落（譚光鼎，2016：201）。所謂文化資本，是指父母的知識、職業及教育水準；而社會資本是指父母的人際網絡關係及資源。學童出身於低社經家庭，因文化與社會資本的不足，比較無法適應學校的要求，在學習生活中累積許多負向經驗，會減弱其學習意願，產生低成就的表現（曾柏瑜，2008）。相對地，父母給予孩子豐足的文化資本，可以讓他們在學習過程感到容易適應，以及得到較多成功的表現。許多研究指出，父母社經地位越高、擁有較多的文化與社會資本，這將提升學童的教育抱

負，並有助於學業成績的表現（林俊瑩、吳裕益，2007）。

（三）家庭問題狀況

家庭問題狀況包括單親家庭、父母關係惡劣、隔代教養等，造成學童無法獲得充足的學習支援，進而降低其學習動機，產生低學業成就表現。有家庭問題狀況的學童在自我觀念及生活適應方面本就處於較不利條件，也容易產生不安全感，導致自我設限及無法專注，進而拒絕學習。林俊瑩與吳裕益（2007）研究發現，家庭因素對孩童學業成績的影響，遠大於學校因素（如教師教法、學習設備等）。由此可知，家庭是否能提供一個具有安全感的環境，對學童的學習表現影響甚大。

低成就學生的心理與行為特質

一 心理方面

（一）低落的自尊心、自信心不足

自尊是指個人對自己價值的肯定，例如認為自己是一個有用的人、不會比別人差等。我們可以理解，當學童長期處於低學業表現，而「成績」又是學生時期的重要評價指標時，這便影響其自我價值的認定，從而失去自信心。

（二）自我概念普遍低下

自我概念是指個人對自身特質的了解程度，如「我是一個外向的人」、「我是一個害羞的人」。事實上，一個長期學業表現不佳的學童除了

無法獲得自我肯定外，由於要面對挫敗及批評，還會造成逃避了解自己、接受自我，而產生自我概念低下的問題。學生的自我概念與學業成就還會互為因果（王瓊珠，2014）。

（三）情境興趣與個人興趣不足

由於學業成就較低的學生欠缺清晰的自我概念，造成他們對周遭環境了解的興趣也降低，同時無心了解自己興趣方向所在，便產生對身處環境的冷漠，甚至是逃避面對環境事物的改變。因此許多學習成就低落的學童在社團及課外活動發展上也欠缺積極性及具體表現。

（四）常有情緒困擾

學業成績常常是引發學生快樂及憤怒的主因。學業低成就的學生，若其所面對的家長及老師常常將學業成績視為學習成就的主要指標，便容易產生焦慮與恐懼等負面的情緒困擾，更嚴重者甚至會產生懼學或拒學等行為。另外，部分學業低成就學生的情緒困擾來自同儕的排斥與鄙視，也會帶來人際上的問題。

（五）不正確的成敗歸因與自我設限

由於學業低成就學生常常面對挫折以及對自我價值的挑戰，除了造成失去自信心外，還會為自己建立學業低成就的錯誤歸因，甚至這些負面的解釋會擴散到其他生活失敗經驗上，例如：「我天生就是一個失敗者，如何努力也沒有效用。」「父母及老師都不喜歡我，都希望看到我的失敗。」這些負面的歸因及低落的自我價值感，造成低成就學童不敢嘗試新事物，更不喜歡使用新方法，留戀在慣性的生活與學習方式，形成自我設限的狀態。

（六）自我防衛機轉較強，害怕失敗

由於低成就學生常常面對生活及學習的挫折，總是被負面經驗所圍繞，為了維護內心的感受平衡，低成就學生會使用較多的自我防衛機轉來保護自己，如逃避學習、失敗的合理化、行為或語言的攻擊、對事物表示不屑的酸葡萄藉口等。這些防衛機轉雖然能覆蓋那些害怕失敗的心理感受，但這些行為對學童的學習經驗又會帶來負面的影響。

二 學習行為方面

（一）學習動機不足、缺乏學業興趣

學習動機是學習行為的原動力及核心推動力量，在學習過程中，動機扮演著重要的角色。低成就學生對學習沒有強烈的動機，這可能由於在生活上面對許多問題與困擾，例如父母不和、家庭資源不足、不適應學校生活等。換言之，有些學生的學習成就表現低落，其主要原因並非其個人能力較差，而是生活問題導致其缺乏學習動機。當然學業成績低落也會負面影響學習動機，所以低成就學生的脆弱學習動機特質，可能是因，也可能是果，交互形成一個惡性循環。

（二）成就動機不足，容易放棄

成就動機是指個人為自己工作設定達成的目標，低成就學生在缺乏自信心的情況下，不敢為自己在學習過程及成就上設定一個預期的目標，他／她們不大相信自己的表現能達到標準。所以教師的鼓勵與協助訂定明確目標就相當重要。

（三）缺少有效學習方法

由於學業低成就學生缺乏強烈學習動機、對學習情境缺乏興趣，再加

上無法掌握自身條件及特質，所以在學習上也比較無法建立適合自己的有效學習方法。事實上，學業低成就學生在一般班級內較難獲得老師的個別協助，這是由於教師在教學上須面對數十位學生，只能採用適合大部分學童的教材教法。因此在補救教學上，除了設計適合學業低成就學生學習的教材外，更應協助這些學生建立一套有效的學習方法。

（四）上課不專心，會打擾同學

學業低成就學生，由於在學習過程中無法獲得個人價值，又沒有辦法發展出適當的學習方法，所以上課時不能專心學習及聆聽，顯得漫不經心，甚至在一些活動型及操作性課程如體育課、美術課，都無法專心投入。他們不僅無法專心聽取上課內容以及教師所指派的課業，更常影響其他同學，例如在上課時與同學聊天、拿取同學的東西來吸引他人注意。

三 社會與人際方面

（一）常會違反規定，甚至有輕微反社會行為

由於學業低成就學生在學習過程中得不到價值感，也找不到學習的方法及樂趣，便不太能遵守教師的指引，也沒有企圖心去達成老師交付的工作；甚至部分低成就學生為了吸引他人注意，會擾亂班級秩序或上課規範。若低成就學生受到同學與教師的冷落及歧視，也可能會出現破壞性及攻擊性的行為，例如侵占他人財物、頂撞老師、暗中破壞同學用具等等，作為報復回應，而發展出輕微反社會行為的特質。

（二）缺乏溝通及表達能力，造成人際關係不佳

溝通表達能力需要有適當的口語表達技巧，當然也需要理解別人的想法及意見。學業成就低落的學生通常在詞語及邏輯表達上都較一般學童遜色，而常以身體動作來代替。例如高興時手舞足蹈，吸引人注意；不高興

時則以破壞攻擊作為表達方式。有部分學業低成就學生遇到歧視或冷落，讓他們更不想與人溝通往來。由於上述原因，使學業低成就學生的人際關係發展較一般學童不佳。

（三）缺乏問題解決能力

學業低成就學生的認知能力通常低於同年齡的學童，加上他們無法建立適合自己的學習方法，所以其後設認知能力也較差，而造成他們在面對新問題時無法縝密思考解決的方法。甚至部分學業低成就學生碰到問題時會視而不見，逃避是他們最佳的辦法。另外一些低成就學生，總是會使用同樣卻沒有效的方法去處理碰到的問題。

（四）社會適應不良，常是被嘲笑或忽略的對象

現代社會常以學業成就表現來評價學齡兒童的優劣，所以學業低成就學生無法達到學習要求的標準，常獲得較低的評價，也影響到他們的自我價值。學業低成就學生常常無法達成老師的要求，也無法達到學校的學習規範，所以他們生活在一個自己不喜歡的學習及生活環境，造成社會適應不良。由於學業低成就學生表現較差，常被同學認為是笨蛋、蠢材及班上的拖累者，所以他們常被歧視與嘲笑，甚至成為出氣筒，變成最佳的霸凌對象。

低成就學生的輔導

一 明確的教學方式

針對低成就學生的教學方式必須明確，其中包括教學內容以及教學指

引方式。前者是指教學內容較抽象者，必須附以明確解釋，或者以例子說明，因為部分低成就學生對抽象概念較難以理解。例如小學生學習乘法，3×2＝6，可舉例說明：櫃檯有三排蛋糕、每排有兩個，所以共有六個蛋糕。而所謂明確教學指引，即清楚、具體地向學生說明他的學習工作以及學習標準。例如：明天要默背這五個單字、今天要閱讀一至三頁；先完成蘋果的構圖，再填上顏色。千萬不要說「要努力讀書，多看一點」；「畫圖要畫得漂亮一點」，這些較抽象的形容對部分低成就學生來說是無法理解的。

二 設計長期性的密集課程

　　許多低成就學生的一般認知能力已低於平均水準，所以需要有系統性的補救教學來提升他們的基礎能力，特別是語文及數學方面。設計長期性密集課程的補救教學有其必要性，包括從簡單到複雜、從具體到抽象、從一般到特殊。換言之，在設計補救教學課程時，除了依據學生的起點行為及特性外，教授內容的編排需要漸進性，以及具時間緊密性，避免單元與單元相隔太久，例如：每天兩小時，持續一個學期。

三 進行個別及小組教學

　　在對低成就學生進行補救教學時，應用個別小組教學形式能讓他們感到自己並不孤單。當然若採用一對一的方式則更好，但教育成本過高，更重要的是會缺乏同儕的刺激及相互鼓勵。低成就學生在進行補救教學時，若有相似學習程度的同儕相伴，比較能相互了解、互相支持，也會增加學習動機。

四 設計團隊合作情境，練習解決生活實踐問題

　　正如前述，低成就學生較能互相理解，以及容易接納對方，所以在補救教學過程中，老師可以設計一些團隊合作解決問題的情境主題，這樣可

以訓練人際溝通能力，以及培養分工合作精神，讓學生接受角色、理解角色、扮演好角色。更重要的是在解決問題情境設計上，應聚焦於實踐生活的問題，讓低成就學生能將學習所得應用於生活上，提升其對課堂上的學習動機及興趣。再者，將習得的知識應用在解決問題情境上，必須經過系統性思考、檢驗、討論、實踐等，此過程可協助低成就學生建立較強的後設認知能力。

五 給予多樣學習成功的經驗

低成就學生比較缺乏自信、擁有較低的自我價值，所以在補救過程中必須為他們建立一些學習成功的經驗，除了能維持學習興趣、願意繼續接受學業的加強輔導，還能協助他們逐漸建立學習過程中的自我價值。首先，老師可以配合漸進式的課程，正如前述的長期密集課程，在開始時設計較簡單的學習內容，讓學生能容易達到標準，並且有好的表現。其次，老師也可以在學習過程中發掘低成就學生的學習長處或特色，給予機會表現，讓其漸漸建立自信心。

六 使用有效及適當的教學原則

對低成就學生補救教學所採用的教學設計，除上述提及的長期性密集課程與個別小組教學外，還要使用一些有效及適當的教學原則；所謂有效及適當是指能依據個別低成就學生的個性及特質。例如學生在學習過程中較容易緊張，則可考慮配合遊戲式學習法；又如學生專注力不足，可將教學活動分作較多小節，或配合操作活動。要了解低成就學生的特質，老師除了在課堂及生活上觀察外，還可從家長、其他教師、同儕相處得到更多相關資訊，才能完整掌握低成就學生的個人特質。

七 建立良好的班級經營方式與提升自我價值感

一般而言，低成就學生的人際關係網絡較為薄弱、未能適應周遭學習

生活環境，甚至會產生輕微的反社會行為。老師可藉著班級經營策略，輔導低成就學生改善其不佳的人際關係，進而提升其自我價值感。首先，導師應在班級建立多元評價標準——這是指在評估自我及別人的價值上，不能只依據單一標準，例如學業成績。導師應該在與班級互動上、班會上、事件發生的機會教育上，一再強調每位同學都各有優點及特色，如願意助人、愛整潔、負責任、運動佳、幽默等特徵，這些都與成績優異表現同等重要。因為在現代分工多元的社會中，人們都能按自己的獨特優點對社會有所貢獻。其次，導師也應盡量在班級活動中按同學個別特色塑造其表現長處的舞台。例如：負責公共區域清潔、教室布置等工作的帶領學生，並非一定要是成績好的同學，而是具有勝任此任務條件的學生，讓同學們了解到不同的人有不同專長，可完成交付的不同工作。若導師能發掘低成就學生的長處，讓他們負責適任的工作，其表現就能帶動其他同學對所謂成績差的同學之觀感，更願意接近互動，如此不僅能提升低成就學生的自我價值感，更形塑了友善的班級氛圍。當然，老師在為低成就學生建構表現舞台之初，其他同學可能會感到疑慮或不信任，老師應該給予適當的說明及協助。

八 增強個人自我決定力

　　低成就學生比較缺乏對自我特色的了解，也缺乏自信心，所以對許多事情都不敢發表自己的意見，久而久之他們更是對事物變得冷漠、不做判斷，甚至連與自身有關的事，也顯得漠不關心、得過且過。所以針對低成就學生的輔導，除了提升其認知能力，也應加強其自我決定力。教師可從簡易的情境入手，例如：看完一部影片或童書，再讓學生表達自己的意見；善用機會教育，讓學生針對某事件表達自己的看法。當然，這些需要一些時間來養成，以及老師的輔導必須從簡至繁、從個別到公開。若低成就學生在表達個人意見上有所進步，老師可嘗試訓練他們進入選擇、判斷、計畫能力的養成。例如：讓他們規劃週末活動、計劃自己一週讀書及

運動時間表、向父母表達不同的意見並陳述其理由等。在培養及訓練自我決定能力過程中，教師必須掌握可選擇性及沒有標準答案的情境，再配合輔導學生從觀察、了解、分析、選擇、說明等要素，來提升其自我決定能力的表現。

九 培養正向觀點

被輕視與挫折常常伴隨著低成就學生，在學習過程中沒有成就感、得不到掌聲，便逐漸形成負向及悲觀的想法。這些負面的價值取向不只影響學生的學習動機，也會降低其生活的積極性，所以培養低成就學生之正向觀點，是非常重要的課題。如何培養學生的正向思考？如前述，教師盡力給予學生多樣的學習成功經驗，便能提升自我價值感。個人自我價值越高，在面對挫折時，其思考會越趨正向。另外，教師也可針對個別低成就學生進行正向思考培訓。首先，訓練學生在碰到挫折時先靜下心來檢視整個事件，不要做太快的反應，特別是負面情緒。在不愉快的事件中，了解其負向影響為何，但其中應該也有正向元素；哪些是自己無法改變、又有哪些是自己可以努力的？正如：我無法改變樣貌，但我可以保持陽光笑臉。檢視清楚後，教師可協助學生朝向可努力的方向去思考，再訂定反應策略或行為方式。教師在訓練低成就學生進行正向思考時，應該強調外在資源的應用，例如同學、親人、老師的協助，這些都能夠加強學生的正向思考層面。

結語

複雜的因素及情境造成學生學業成績低落，而補救教學則是針對環境因素所產生的學業低成就問題來處理。我們不能忽略低成就學生除了成績低落外，還伴隨許多心理及行為特質，包含有心理上的低自我價值、學習

上的缺乏投入動機、社會層面上欠缺人際關係網絡，甚至會有輕微的反社會行為。所以在學業低成就學生輔導策略的推動上，除了要改善學習方法外，提升其自我價值及加強人際關係技巧都是重要的課題。

問題討論

一、身為導師的你，面對班上一位學業低成就學生，會使用哪些方法了解其影響因素？

二、身為一位導師，請提出三項班級經營策略，協助低成就學生找回自我價值。

三、當老師發現有低成就學生被班上其他同學關係霸凌時，你會建議使用哪些輔導方式來處理？

參考文獻

中文部分：

王瓊珠（2014）。低成就學生之心理特質與輔導。載於陳淑麗、宣崇慧（主編），帶好每一個學生：有效的補救教學。台北市：心理。

林俊瑩、吳裕益（2007）。家庭因素、學校因素對學生學業成就的影響——階層線性模式的分析。教育研究集刊，53，107-144。

林寶山、李水源（2000）。特殊教育導論。台北市：五南。

教育部（2005）。外籍配偶就讀國小子女學習及生活意向調查結果摘要分析。取自 https://stats.moe.gov.tw/files/analysis/brief.pdf

教育部（2013）。身心障礙及資賦優異學生鑑定辦法。台北市：作者。

陳玉娟（2009）。新移民子女教育問題、成因及其策略之研究：以國民教育階段為例。初等教育學刊，33，33-58。

陳錦宏（2016）。注意力不足過動症 ADHD 的第三條路：心動家族。健康雜誌。取自 https://www.commonhealth.com.tw/article/article.action?nid=73700

曾柏瑜（2008）。低成就學童的有效補救教學原則。**台東特教**，27，25-29。

譚光鼎（2016）。**教育社會學**。台北市：學富。

第 6 章

一樣的教室，不一樣的課堂：
補救教學之班級經營

黃郁茹

人們會忘記你曾說過什麼或做過什麼，
但永遠不會忘記你帶給他們的感受。
—— 美國非裔詩人 Maya Angelou

期許自己成為大雨也澆不熄的火把。
—— 作者自勉語

 本章提要

補救教學班雖然人數不如一般班級多，卻因為學生來自不同的班級，在教學過程中，班級經營成為重要的一環。身為補救教學班的老師，首要之務就是與學生建立關係、真誠關懷，能敏覺於學生的個別差異，接著能透過教室情境安排、利用教學互動過程營造正向的班級氣氛，並且適時做到學生情緒輔導及人際關係處理。讓每個孩子在班上有歸屬感、有自我價值感，進而能體驗有趣的學習。本章提出五個班級經營策略，並輔以實際的例子來說明。

前言

筆者在實習時擔任「中介班」導師，當時的中介班設置是將中輟復學生集中在一個班級，安排較多元且類似補救教學的課程，協助中輟生能夠順利復學。中介班雖然是小班級，但是學生學習的狀況與一般學生相差很遠。成為正式教師後，我在某間小型學校兼任行政職務共九年，由於這一間小型學校的資源少，加上學生的弱勢背景比例高（單親及隔代教養指標學生占全校一半以上），所以除了致力於學生輔導外，我還引進成功大學服務學習─家教服務，於夜間為弱勢學生加強課業。我觀察到補救教學的教師常以教學流程及教學目標為焦點，錯失一開始建立良好班級氣氛的機會，忽視了班級經營的重要性。班級經營是建立和維持班級團體達到教育目標的歷程（李佳琪，2009：4-5）。**班級氣氛**（classroom climate）包括教室內的物理構面如採光、溫度、視覺與座位安排，也包括師生的各種正向與負向的情緒。因此，本章提供讀者在開始補救教學之前，先對班級經營有一個概括的了解，並能從列舉的例子中，找出適合自己科目的策略來實際運用。

首先，我們先來進行課前思考：「普通班級與補救教學的班級經營有什麼不同？」我們可以先就以下幾個面向來思考──教室情境安排、班級氣氛營造、教學活動進行、學生情緒輔導、學生人際處理。以下列出在補救教學班的優勢：

1. 教室情境安排：師生距離較近、教室布置較具彈性。
2. 班級氣氛營造：較易建立關係、形成認同感。
3. 教學活動進行：可以針對學生設定個別目標、提供多元的學習活動，提升動機。
4. 學生情緒輔導：較能熟悉個人特質，有狀況時可以即時處理。
5. 學生人際處理：學生人數少較好照顧，但因為學生來自各班，彼此間

並不熟悉，在互動過程中可能也會有衝突，需要老師適時介入。

　　學生來到這個班級其實有兩大目的，除了學習知識外，還要學習人際互動，且這兩者是交織在一起的。人際互動的核心就是紀律（discipline）。Kounin 所提出的教室管理強調動力（momentum），即要求老師要**掌握全局**（withitness, with-it）與**同時處理**（overlapping），而且是要採取預防策略而不是介入策略（周新富，2016：100-104）。以下依序說明我們可以採用的策略。

五大策略

一　教室情境安排

　　狀況一：補救教學班第一天上課，負責教學的李老師踏進指定教室，發現教室經過一個暑假沒有整理，再加上有其他人使用後遺留垃圾在教室內，使得整個教室非常髒亂。本來安排和學生互動及講解課程，結果因為灰塵讓學生過敏，不停地打噴嚏，老師只好找衛生紙借給學生。沒想到其他學生開始尖叫，甚至離開座位，因為有蟑螂從垃圾堆飛出造成學生騷動。好不容易處理掉垃圾及蟑螂，要好好上課了，卻發現教室的燈不亮，學生看黑板的視線不良。

　　這個案例說明了在班級經營中，教室的情境安排是首要的，尤其在補救教學時，教室不一定是一般班級教室，有可能是學校的專科教室或資訊教室，所以教師必須提早先行前往察看，並注意以下的事項：

1. 教室的物理環境：空氣是否流通、有無臭味，地面是否乾淨、有無垃圾灰塵，燈光是否明亮、有無閃爍，黑板、課桌椅及需要的其他教具是否堪用。

2. 建立教室使用規則：列出重要且可執行的使用規則，讓上課的學生知道如何使用這間教室，例如：不隨意亂丟垃圾、愛護公物、輪流打掃、開關門窗、電燈、電扇等。

3. 提升學生動機的布置：選擇教室可以布置的空間，貼上榮譽榜、鼓勵標語、海報或是小故事。另外還要設計座位的安排，如ㄇ字型或是分組座位，以增加上課互動機會。也可以讓每位同學都在班級中擔任一個角色，如負責收發簿本、維持環境整潔等。重點就是讓每一位同學都感到自己是班上的一份子、能有歸屬感。

另外別忘了，學生第一天來到補救教學班上，心情一定忐忑不安，這時老師可以設計遊戲（如賓果）來讓大家認識新朋友，例如：先個別回答下列題目，再去找答案一樣的同學互相簽名，最早連成一條線的就是贏家。

最喜歡喝的飲料：	最喜歡的運動：	最喜歡的書：
最常看的卡通：	最討厭的科目：	早上如何上學：
最常玩的電玩：	在家裡的排行：	最喜歡的科目：

老師也可以請學生寫下他們最希望教室是什麼樣的學習光景，並據以訂下自己的班規（rule）與期望（expectation）或價值（value），前者是「不可以做什麼」（如不可打架），後者則是「希望做什麼」（如每個學生都有安全的權利）（Curwin, Mendler, & Mendler, 2018: 76-81），這樣老師才能據此讓大家簽署社會契約（social contract）。老師也要能快速地記住班上同學的名字，並在下一次上課時在門口迎接他們，與他們閒話一兩句，讓他們的「派對模式」（party mode）可以準備轉化到上課模式。

二 班級氣氛營造

狀況二：在補救教學班上，有一個愛說話的學生——魚仔，他從一上課開始，就會講出讓同學哄堂大笑的話，或是向老師提出尷尬的問題，例如：「老師你一個月是不是 22K？」「老師是不是沒吃飯？講話很小聲。」剛開始同學還會跟著笑，但是隨著老師開始生氣、停下來阻止魚仔，漸漸地，這個補救教學班級的其他同學開始表示不喜歡魚仔，甚至他只要一開口講話，其他同學便開始反駁他。魚仔變得不想參與老師上課安排的活動，和其他同學也不再有互動，上課氣氛變得很沉悶。

狀況三：來參加補救教學的小民，每次都默默地坐在座位上，看起來很畏縮，也不參與上課的活動，對老師的提問每每是低下頭來不回答，表現出對課業沒有興趣、勉強打發時間的態度。

這是補救教學時最常出現的兩種截然不同的學生。前者的「愛說話」或打斷老師，其實是想獲得老師的注意與其他同學的認同；至於後者則可能是在普通班級挫敗已久的魯蛇（loser）。但不論哪種狀況，老師的班級經營重點首在與學生建立關係。以開創**現實療法**（reality therapy）強調當事人選擇與負責的 Glasser 博士任教於犯罪少女學校多年後，就提出與學生互動時的七個壞習慣：批評、責備、抱怨、嘮叨、威脅、懲罰以及用獎賞控制，七個好習慣則是：關懷、傾聽、支持、協助、鼓勵、信任、親近（劉小菁譯，2005）。以下再提出幾個做法供老師們參考：

（一）了解與接納

這是基本藥方，可促進青少年的心理健康。每個人都有**歸屬**（belonging）的需求，希望覺得自己受到重視（李美華譯，2007：38-39）。當學生出現意料之外的反應，老師必須先去了解其背後的原因。以

魚仔來看，為什麼他會想要講那些話？是覺得上課太無聊？還是希望認識朋友？老師可以試著接納，不急著否定，讓學生知道自己是被看見、被理解、被接受的，這是獲得自我價值感的重要來源。另外要注意，叛逆性強的孩子最喜歡玩的把戲就是破壞老師的教學，直到老師氣得要懲罰他們，這時老師被學生控制了還不自知，他們還可把一切都怪罪到老師身上（劉小菁譯，2005：47）。所以忽略學生的外顯行為、著重在對學生的關懷才是重點，讓這位寂寞且失去連結的學生在班上重新被接納並找到學習的重心，也就是找到學生自己的「戰略位置」（中央研究院研之有物編輯群，無日期）。

另外，要注意學生所面臨的發展危機，比如在青春期的孩子面對的是自我認同的危機，在國小時期面對的則是勤奮進取或自貶自卑。但危機也是轉機，學生喜歡像成人一樣被對待，我們老師可以作很好的模範。通常低成就的學生其自尊也較低，也會有一些不良的行為。有一種說法是這些不良行為都是有道理、其來有自的（曾端真、曾玲珉譯，2000：85），更值得我們關懷。

（二）幽默與回饋

面對學生的行為，或是上課的回答、作業表現，老師能夠適時地給予幽默又具體的回饋，是促進班級氣氛的重要關鍵。基於人皆有求善、求美的動機，老師給予的回饋會讓學生明白老師的具體要求及標準，也因此願意維持好的行為、改善不好的行為。現實療法認為，人們可選擇要不幸還是快樂；雖然老師不能為學生做決定，但可幫助學生滿足他們被肯定與自尊的需求。也請注意在與孩子說話時，可搬張椅子與他／她並坐，或者彎下身來盡量縮減權力差距，這是很重要的身體語言。

（三）增強與削弱

老師可以先列出哪些表現是受到肯定、能得到正增強的，例如：上課

準時進教室、答對老師的問題、準時完成作業，以及小組表現等，也可以斟酌給予正增強物，如學校的嘉獎、學生用得到的文具、小零食等。不過一定要記得，濫用獎賞最傷害內在動機，不可不慎。另外還可根據**普利馬克原則**（Premark principle），提供學生參與活動的機會，比如寫完作業可以使用電腦等等。要能用連續、分段的增強方式，來逐步塑造學生的良好行為，並逐步削弱不當的行為。也可與特定同學簽訂**行為契約**（behavior contract），雙方正式簽名後各執一份為憑，或者開班會與全班訂定共同契約。當學生看到老師糾正同學不良行為或嘉獎良好行為，就可漸漸產生擴散性的**連漪效應**（ripple effect）。另外，當看到其他同學的良好行為受到增強，也會有**替代性增強**（vicarious reinforcement）的效果。並請盡量用最少的規範來讓彼此相處融洽，班規越多，其實暴露出老師領導的問題，也缺乏執行的彈性，會讓老師陷於泥沼難以自拔。慢慢地班級經營會從外鑠的紀律，到學生的自律，這是學生在觀察及模仿後對自己行為的**自我強化**（self-reinforcement），不再需要老師給予制約，也就是 Bandura 的社會學習。社會學習論的另一重要概念就是自我調整（self-regulation），人們會觀察自己的行為，老師要多提醒學生在不同的情境中多多使用自我調整（Slavin, 2009: 224-225）。

（四）示範

老師要營造班級氣氛，先從自己做起，以身作則讓學生從觀察中來學習，例如老師的情緒要保持穩定、面對學生的狀況做正面解讀不生氣，並適時做出合宜的處理，當然還包括對學科知識的熱愛，如此一來，即使補救教學的上課時間不多，仍然可以帶給學生好的影響，你會是他生命裡正向的有力人物！老師也可和學生約定信號，比如說當老師把教室燈關掉或是把手放在頭上計數，就是希望學生安靜。**我訊息**（I-messages）也可多用，例如：「**我**很擔心，你繼續這樣將憤怒情緒發洩在同學身上，別人心裡一定不舒服。」更可與學生角色扮演來練習比較合宜的表達方式。

三 教學活動進行

狀況四：小煜升上國中不到半個月，上課總是出現偏差行為，例如課本沒帶、上課大叫、起來走動，甚至公開表示不想學習，也不交作業，讓老師們感到頭痛，無法順利進行該班的課程。學校安排輔導老師希望改善小煜的偏差行為，可是幾週過去，小煜的狀況一直沒有改善。直到某天，小煜突然衝到輔導室，嚷嚷著要擦藥，輔導老師一看到小煜受傷血流不止而且傷口又大，跟著急了起來，抓著小煜直奔保健室，及時止血後，還好沒什麼大礙。輔導老師仔細一想，小煜應該知道受傷要去保健室才對，為什麼捨近求遠先跑到輔導室呢？原來，傷口痛不痛不是重點，而是小煜要讓輔導老師知道他受傷，真切感受到關懷才是重點。於是，輔導老師不再把目標放在「行為改變」，而是試著了解，小煜因為父母離婚，對母親的離去感到痛苦、對奶奶偏心弟弟感到憤怒、在課堂上因完全聽不懂而感到無聊；每次小煜的大吼大叫，是因為牙齒痛，藉著吼叫，似乎疼痛就會減輕些；小煜的爸爸並沒有帶他去看牙醫，而是給他吃檳榔止痛⋯⋯

知道了以上這些原因，除了帶小煜去看牙醫外，任課老師也開始針對小煜設定個別目標，試著提供除了聽講抄寫以外的學習活動，增加小煜參與課堂學習。如果沒有輔導老師的介入以及任課老師的調整，小煜注定會在普通班級中放棄學習。所以在補救教學的課室中，一定要能看見個別差異。以下列出須注意的相關重點：

（一）從學生角度設計學習活動

先了解學生的學習狀況以及學生喜歡的話題等，再去設計學生可以接受並投入的學習活動，例如：學生需要透過手作或是圖解方式可以學得更好；不喜歡死背，就可以設計相關的活動。前節提到每個學生都有歸屬的需求，因此在課室中也要有自己的位置。老師要能協助學生找到他們可以

被認可的角色，包含有 3C：capable（有能力做）、connect（有連結）、contribute（有貢獻）（李美華譯，2007：38）。撰有 *Discipline with Dignity* 一書的 Curwin 等人（2018）也是認為老師不需用威脅，而是要讓成功變成每日的教學目標。

（二）尊重生命經驗的不同

學生們各來自不同的家庭背景，不見得都是老師可以理解的狀態。很可能學生無法融入教學活動，甚至是抗拒，這時候老師必須多些包容和體諒，並且盡力去調整自己的教學目標及方法。切記不要以隨時扣點扣分來威脅學生，也不要當眾讓學生難堪。

（三）謹慎提及家庭狀況

當教學活動或上課舉例需要提到家庭狀況時，一定要注意學生的反應，尤其讓學生分享有關的內容時，老師要採取開放接納的態度進行。

（四）注意關係界限

老師雖然有示範效果，但是對學生來說，老師的角色就是老師，不可能取代家人的功能，而且還有其他的學生也是在這個班級裡，所以要注意關係界限，必要時尋求輔導室的介入，共同幫助學生。

四 學生情緒輔導

以下提供兩則新聞案例：第一則引自《TVBS 新聞網》：「勸學生上課拉扯跌落梯　優良師傷頸恐癱瘓」（楊子毅，2018）；第二則引自《蘋果新聞網》：「質疑導師歧視　國三女負氣跳樓」（辛啟松，2015）。這兩則事件的發生都造成了老師或學生不可復原的傷害。

我們必須先了解學生的「學業情緒」，以及如何處理學生的負面情緒。情緒（emotion）來自拉丁文，原意是造成改變。情緒可說是個體行

為後的背景音樂。大腦既然對情緒的反應如此快速又複雜，我們就要善用並學習管理情緒。

學業情緒（academic emotion）被界定為與學業活動及學業成就有關的情緒，包括學習所帶來的樂趣、課室教學中的無聊、面對困難任務的挫折或生氣。Pekrun（2006）又進一步區分為與學業活動有關的情緒（activity emotions）及與學業成就有關的情緒（outcome emotions）。後者又包括預期性的情緒（prospective outcome emotions），例如成功的希望、失敗的焦慮，以及回溯性的情緒（retrospective outcome emotions），例如成就後回饋而經歷到的驕傲或羞愧。Pekrun、Frenzel、Goetz 與 Perry（2007: 13-36）依主題焦點、正負向、激發或抑制提出三個向度的情緒分類，共有 16 種情緒如下表（其中活動與成就焦點的激發都會引起生氣）：

主題焦點	正向愉悅		負向不愉悅	
	激發	抑制	激發	抑制
活動焦點	①樂趣	⑥放鬆	⑨生氣、⑩挫折	⑬無聊
成就焦點	②快樂、③希望、④驕傲、⑤感激	⑦滿足、⑧放心	⑨生氣、⑪焦慮、⑫羞愧	⑭難過、⑮失望、⑯無望感

當我們了解學生在學習過程中會遭遇到哪些情緒後，即可注意多以正向愉悅的教學活動為主，並且觀察學生負向不愉悅的情緒，給予適時的關心，或是調整教學及經營策略。

（一）先冷靜情緒，後處理問題

當學生產生負面情緒且非常激動時，教師自己要能理性面對，先讓學生的情緒冷靜下來，確定不會傷害別人也不會傷害自己時，再尋求處理問題。遇到學生間的衝突，則是雙方都要有人幫忙分開，各帶到一旁冷靜。

（二）先協助學生比執行校規來得重要

在處理引起學生激動的問題時，教師重點應放在協助學生學習及成長。此外，在班級經營時，訂立的班規不能比校規嚴苛，也一定要讓每一個學生清楚規定背後的理由，並透過民主方式討論，於班會通過後再實施〔請參看教育部（2016）《學校訂定教師輔導與管教學生辦法注意事項》第二十一點〕。班規的執行要對事不對人，並著重於學生的自我引導、對自己的行為負責，才有教育的意義。盡量避免使用武斷的紀律，所以除非情節重大，不輕易動以校規來處置。另外，教師也可以預先與學生討論，例如：「若我把手放在你的肩膀上，就表示我希望你安靜下來注意我，可以嗎？」（呂翠華譯，2008），先取得學生的同意，並充分討論老師舉措的理由，是相當重要的。

以下再列出《學校訂定教師輔導與管教學生辦法注意事項》第十九點「低學業成就學生之處理」：

學生學業成就偏低，而無第二十點各款所列行為者，教師除予以成績考核外，應了解其學業成就偏低之原因（如是否因學習能力不佳、動機與興趣較低、學習方法無效、情緒管理或時間管理不佳、不良生活習慣或精神疾病干擾所致），並針對成因採取有效之輔導與管教方式（如各種鼓勵、口頭說理、口頭勸誡、通知監護權人或補救教學等）。但不得採取處罰措施。

前項之輔導無效時，教師認為應進一步輔導時，得以書面申請學校輔導處（室）處理，必要時並應尋求社政或輔導相關機構支援或協助。

第二十點「應輔導與管教之違法或不當行為」：

（一）違反法律、法規命令或地方自治規章。
（二）違反依合法程序制定之校規。

（三）違反依合法程序制定之班規。

（四）危害校園安全。

（五）妨害班級教學及學校教育活動之正常進行。

簡而言之，教師基本上的態度，就是「溫柔而堅定」（曾世杰、陳淑麗，2014：74）。

（三）尋求資源，後續輔導

如果學生有長期的情緒困擾，包括較激動的生氣或失望、無望感、憂鬱等，一定要尋求學校或校外資源，盡早轉介輔導諮商，以利後續的人格發展。更要注意班上若有「踢貓效應」──較高階的同學受挫後將情緒發洩在較低階的同學身上，較低階的同學再轉而發洩到更低階的同學身上，產生連鎖反應。這會在班上造成敵意的環境，也會造成負面情緒的傳染，因此要及早紓解。

五 學生人際處理

狀況五：班上的小鴻不喜歡小君的行為，曾在網路評論她，被小君發現。加上有一次小鴻在下課時間被小君踢到腳，跑去學務處告狀，學務處因此責備小君，威脅如果她再犯，會讓她轉學。從那一天開始，小君就不斷找小鴻麻煩，包括對小鴻罵髒話、瞪他，甚至小君分送小鴻的作業本時，都刻意用丟的。兩人之間緊張的關係開始影響課堂。

教師的處理要注意以下幾個原則：

（一）反省自己介入的品質

學生之間的互動，有時候是可以靠學生自己調整的。美國很重視學生

「see it, say it」，學生的主動很重要，教師再從旁提醒，並引導雙方看到對方的優點，以及他們在互動過程中的盲點。比如邀請學生寫下對衝突事件的說明以及對方的感受，並提出解決之道。教師介入過多或是不介入，都有可能讓學生的關係再惡化，所以在處理學生人際互動過程時，教師要多反省自己介入的程度是否合適。

（二）接納雙方，不偏袒

在處理學生衝突時，學生都會希望老師是站在自己這一邊，所以老師在處理過程中必須能夠接納雙方的想法和需求，表現出不偏袒任何人，如此一來，學生才能真正把重點放回到衝突處理。

（三）尋求重要他人的協助

如果學生人際互動上的衝突一直無法改變，就需要尋求其他人的協助，特別是雙方的重要他人，比如班上其他同學、家長，或是校內其他老師，讓人際衝突對於班上的影響減至最輕。如果是師生衝突，就更需要請其他同事幫忙介入，才有餘裕思考及解決問題。Thomas 提出一個解決衝突的二維模式（如圖 6-1），兩個向度分別是**堅持性**（assertiveness）與**合作性**（cooperativeness），形成五種狀況，以能夠堅持又合作的統合（collaborating）為最佳（謝文全，2007：370-371）。

圖 6-1：解決衝突的二維模式
資料來源：謝文全（2007：370-371）。

不恰當的處理方式

　　補救教學的時間較一般課程短，在班級經營過程中，更要以正向積極的態度處理遇到的問題，避免下列不恰當的處理方式：

（一）產生罪惡感並嘗試安撫，甚至變成討好學生

　　在補救教學過程中，教師可能因為對於學生的課業表現未如預期，產生罪惡感，進而嘗試安撫學生，如給予過多的獎賞來討好學生。

（二）產生不耐煩以及敵意

　　面對學業低成就的學生，教師可能過度期望而產生不耐煩，甚至對於學生的不當表現產生敵意，這些都是不利於教學的負面做法，教師需特別注意。除了調整自己的教學策略，也要再深入觀察學生的狀況，並與同儕討論與省思。

（三）什麼都不做，希望抗拒自動消失，甚至放任學生

　　當班級學生出現狀況時，教師以不變應萬變，希望學生的抗拒會自動消失，甚至放任學生的錯誤行為，反而錯失了處理的好時機。所以在教學過程中，要隨時保持敏銳的觀察力，去思考解決問題的策略。

（四）選擇放棄

　　在補救教學的過程中，難免遇到比一般班級教學更多的挑戰，不要因為一時的受挫，而選擇放棄並結束補救教學。多跟同事進行專業互動，甚至尋求行政處室的相關資源，相信自己的熱情與堅持，是相當重要的。

最後要提醒，老師有五個社會權力（social power; leadship）的權力來源（Borich & Tombari, 1996: 256-259）：專家權（expert power）、參照權（referent power）、法定權（legitimate power）、獎賞權（reward power）、強制權（coercive power）。教師的專業自主，為孩子做了最好的教育舉措，這是專家權；老師被學生當成可信賴的模範，這是參照權；這些是我們盡量要多發揮的權力。但是扮演成像父母或法律角色的強制權，就盡量少用。教學本身就是一種溝通行為（communication behavior），教師不僅要能傾聽，更要善用溝通技巧，才能拉近師生的距離。另外，老師對學生能力的信念與期望相當重要，會產生**畢馬龍效應**（Pygmalion effect）或**自我實現的預言**（self-fulfilling prophecy）（梁雲霞譯，2000：20）。當學生遇到挫折想放棄時，老師應提供正向的對話，如：「當然我們做得到，我們只是要找對方法。」可以對學生提供莫大的幫助。

結語

　　人是有能動性的。若你投出一個籃球，你的力道、籃球的軌跡都可以算出它的落點；但鴿子不是，你將牠擲出去，你難以預料牠的落點，因為牠會飛、會有牠的方向；人也是一樣。每一段旅程都有結束的時候，每一次補救教學也都有終了的時刻。如同網路所傳頌的老人一樣，他不斷將海星撿回大海裡。我們不問何時可以把所有的海星撿完，但我們知道在補救教學中所幫助的每一個學生，對學生本身來說，都有了不同的意義。而妥善的班級經營，可使我們的教學擁有最大的效能。所以從一開始確定班級教室的情境安排、班級的氣氛營造，以及教學活動過程、學生的情緒輔導、人際互動等，都需要教師用心去做，讓學生能夠在補救教學過程中，享受到不一樣的課室教學。最後，以美國女性主義教育哲學家 Noddings 的話作結：

我不需要和每一個人建立一個深度持久、費時的個人關係。我所必須要做的是完全地、不選擇地呈現給學生——每一個學生——當他召喚我時。時間可能是短暫的，但邂逅（encounter）卻是完全的。（方志華，2013）

問題討論

一、當學生因為一時情緒而離開課堂時，該怎麼處理？

二、我們該如何反映與記錄學生的表現，尤其是出現干擾課堂的情況時？

三、若你只能有五項班規，你認為哪些是最重要、必須在一開始就要訂定的，而哪些是到期中以後才實施的？你又會用哪些策略去強化這些常規？

四、若班上有一個坐立不安、沒有興趣上課的學生，你要如何逐步導引他？

五、你同意「對某個學生的獎勵（如小點心或可去教室外面玩）可能被另一個學生視為懲罰」這樣的說法嗎？請找十位同學，問看看他／她們心目中的獎勵是什麼。請注意不同的社經背景或性別所給的不同答案。

六、請學生寫下最令他／她感到自卑的特質並放入抽籤筒中，然後倒出來統計，並請大家發表造成自卑的可能來源，以及如何可以超越或改善（應用阿德勒個人心理學）。

七、「權威」是社會中控制他人行為的正式權利或權力，師生關係中一定會涉及教師權威。試舉三種教師權威並解釋之。

（108 第二次教師檢定教育原理與制度）

參考文獻

中文部分：

中央研究院研之有物編輯群（無日期）。面對霸凌，我們都需要被討厭的勇氣。研之有物。取自 http://research.sinica.edu.tw/teen-friend-network-bully/?fbclid=IwAR2unESmmu38f9gJfqsBx2xDlC7xoCsRWXZkPzU37Y6oATmozM4R-kx43eU

方志華（2013）。邂逅。載於林逢祺、洪仁進（主編），教育哲學：隱喻篇（頁 119-130）。台北市：學富文化。

呂翠華（譯）（2008）。S. Winebrenner 著。普通班教師的教學魔法書：改造學習困難的孩子（Teaching kids with learning difficulties in the regular classroom: Way to challenge & motivate struggling students to achieve proficiency with required standards）。台北市：心理。

李佳琪（2009）。緒論。載於張新仁（主編），班級經營：教室百寶箱。台北市：五南。

李美華（譯）（2007）。UNESCO 著。正面管教法：接納、友善學習的教室（Positive discipline in the inclusive, learning-friendly classroom）。台北市：財團法人人本教育文教基金會。

辛啟松（2015 年 10 月 16 日）。質疑導師歧視　國三女負氣跳樓。蘋果新聞網。取自 https://tw.appledaily.com/new/realtime/20151016/712764/

周新富（2016）。班級經營。台中市：五南。

教育部（2016）。學校訂定教師輔導與管教學生辦法注意事項。台北市：作者。

梁雲霞（譯）（2000）。L. Campbell & B. Campbell 著。多元智慧和學生成就：六所中小學的成功實例（Multiple intelligences and student achievement: Success stories from six schools）。台北市：遠流。

曾世杰、陳淑麗（2014）。有效的補救教學班級經營。載於陳淑麗、宣崇

慧（主編），**帶好每一個學生：有效的補救教學**（頁 74-75）。台北市：心理。

曾端真、曾玲珉（譯）（2000）。T. Humphreys 著。**教師與班級經營**（A different kind of teacher）。台北市：揚智。

楊子毅（2018 年 1 月 19 日）。勸學生上課拉扯跌落梯　優良師傷頸恐癱瘓。**TVBS 新聞網**。取自 https://news.tvbs.com.tw/world/855617

劉小菁（譯）（2005）。W. Glasser 著。**每個學生都能成功**（Every student can succeed）。台北市：張老師。

謝文全（2007）。**教育行政學**（三版）。台北市：高等教育。

英文部分：

Borich, G. D., & Tombari, M. L. (1996). *Educational psychology: A contemporary approach.* New York, NY: Addison Wesley Longman.

Curwin, R. L., Mendler, A. N., & Mendler, B. D. (2018). *Discipline with dignity: How to build responsibility, relationships and respect in your classroom* (4th ed.). Alexandria, VA: ASCD.

Pekrun, R. (2006). The control-value theory of achievement emotions: Assumptions, corollaries, and implications for educational research and practice. *Educational Psychology Review, 18*, 315-341.

Pekrun, R., Frenzel, A. C., Goetz, T., & Perry, R. P. (2007). The control-value theory of achievement emotions: An integrative approach to emotions in education. In P. A. Schutz & R. Pekrun (Eds.), *Emotion in education.* San Diego, CA: Academic.

Slavin, R. E. (2009). *Educational psychology: Theory and practice* (9th ed.). Upper Saddle River, NJ: Pearson.

第 7 章

教學目標的擬定

陸偉明

「請告訴我該走哪條路呢？」
「那要看你要去哪裡而決定。」貓回答。
「我不在意去哪兒。」愛麗絲說。
「如果你不知道你要去哪裡，那麼你走哪一條都無所謂。」

——愛麗絲漫遊奇境

在學校裡的主要教育目標是讓人們有能力創造新的事情，而不只是重複前一世代做過的事情。

——皮亞傑

本章提要

在了解補救教學之制度與學生特質後，本章說明一般教學目標的功能、分類，以及雙向細目表的編寫，並說明在補救教學裡的教學目標，及其相對應的課程與教案設計理念，以利後續差異化教學與評量之用。

前言

相對於 Dewey 主張教育沒有外在目的，英國教育哲學家 Peters 認為有效的教育活動必須符合**合認知性**（真）（cognitiveness）、**合價值性**（善）（worthwhileness）、**合自願性**（美）（voluntariness）（張鈿富，2013：217）。課堂裡的教學目標，就如同人生目標一樣可以指引我們方向。沒有教學目標，教學要何去何從呢？而在教學中，教師想要達成的教學任務、學生想要完成的學習任務，其實二者是合而為一的。所以**教學目標**（teaching objective）又可稱之為**學習目標**（learning objective）。

壹

教學目標的功能

一個課程的教學目標具有三大功能，能夠指引教師思考以下問題：第一，學生應該獲得哪些知識性、態度性或動作技能性的學習成果？第二，教師應該採用哪些教材與教學活動以達到教學目標？第三，教師如何確定學生學到被期待的學習目標？故教學目標（objectives）、教學活動與教材（instructional activities and materials）及教學評量（assessments），三者可以構成一個三角（Anderson, 2002）。從圖 7-1 我們可以看到三角形的最頂點是教學目標——這是最高的指引守則，一邊配合的是教學評量，另一邊則是教學活動與教材。這樣三足鼎立的關係，可以幫助教師在教學上不容易偏頗。當然，每次上課都會有各自的教學目標，這常會被稱為單元目標。

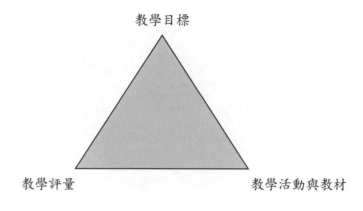

圖 7-1：教學目標、教學評量、教學活動與教材三者的關係

資料來源：Anderson (2002).

在選擇教學目標的時候，美國課程學者 Taylor 四大法則經常被拿出來使用（黃炳煌譯，1981：6）：

1. 教育目的：學校應達到何種教育目的？

2. 課程內容：為達到這些目的，應提供何種教育經驗？

3. 課程組織：這些教育經驗應如何有效組織起來？

4. 課程評鑑：如何確定這些教育目的之達成？

Taylor 認為，應先就三大來源——學生特性、社會需要、專家建議，來篩選出暫時性的一般目標（黃光雄、蔡清田，2016：120-121），如圖 7-2。接下來再就教育哲學理念（如教育的三大規準：合價值性、合認知性、合自願性）以及學習心理學的學習順序與遷移等條件來篩選，成為精確的教學目標。

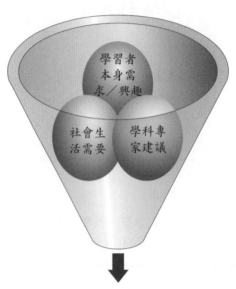

圖 7-2：暫時性一般目標的篩選

資料來源：黃光雄、蔡清田（2016：120-121）。

教學目標的種類

　　《教育基本法》的實施是一個重要的里程碑，即是將零體罰納入，使台灣成為世界上第 109 個禁止體罰的國家（大紀元新聞網，2006）。《教育基本法》可說是教育的憲法，也是台灣教育改革的一項重要成果；其中明確規範，「教育權的主體在學生身上」，這是很大的變革。因為過去所強調的是教育權，是由教師主導課程的進行；而現今則是以學生為中心，並進一步保障學生的學習權。《教育基本法》第 2 條中，即對教育**目的**（goal）有所論述：

第 2 條

人民為教育權之主體。

教育之目的以培養人民健全人格、民主素養、法治觀念、人文涵養、愛國教育、鄉土關懷、資訊知能、強健體魄及思考、判斷與創造能力，並促進其對基本人權之尊重、生態環境之保護及對不同國家、族群、性別、宗教、文化之瞭解與關懷，使其成為具有國家意識與國際視野之現代化國民。為實現前項教育目的，國家、教育機構、教師、父母應負協助之責任。

至於教育部（2015）《十二年國教總綱》下的基本理念，也開宗明義說明：

本於全人教育的精神，以「自發」、「互動」、「共好」為理念，強調學生是自發主動的學習者，學校教育應善誘學生的學習動機與熱情；引導學生妥善開展與自我、與他人、與社會、與自然的各種互動能力；協助學生應用及實踐所學、體驗生命意義，願意致力社會、自然與文化的永續發展，共同謀求彼此的互惠與共好。

依此，本課程綱要以「成就每一個孩子——適性揚才、終身學習」為願景，……

在前述基本理念引導下，故訂定四項總體課程目標如下：

1. 啟發生命潛能
2. 陶養生活知能
3. 促進生涯發展
4. 涵育公民責任

為落實上述理念與目標，以**核心素養**（key competence）為課程發展

主軸，俾利各教育階段的連貫與各科目間的統整[1]。核心素養是一個人為適應現代生活及未來挑戰所應具備的**知識**（knowledge）、**能力**（skill）與**態度**（attitude）。其中態度包含有自我精進（終身學習）與正向的價值觀。所謂素養，是對知識有感受、可理解、能活動，且學會學習方式與策略，是呼應 UNESCO（聯合國教科文組織）所倡導的**功能性素養或知能**（functional literacy），足以將所學應用到生活中。為何要從九年一貫的**基本能力**（basic competence）改成核心素養呢？因為素養比原先各科目之基本能力涵蓋更寬廣和豐富的教育內涵，是跨領域的，且可彰顯學習者的主體性、關照學習者的生活情境與實踐力行的特質。這也是 OECD（經濟合作暨發展組織）與歐盟所強調的素養內涵（蔡清田，2012）。素養可以進階或高深，但核心素養即是希望國民都具備的重要素養。從早年課程標準所要求的學習內容，到九年一貫的「帶得走的能力」，再到十二年國教兼具「學習內容」與「學習表現」，此兩者同等重要。學習內容是該領域／科目的重要知識與原理原則，學習表現則是上述內容的表現與應用。這樣的改革是鬆綁，也給老師很大的挑戰。核心素養的滾動圓輪意象如圖7-3，共有三大面向、九個素養（國家教育研究院課程及教學研究中心核心素養工作圈，2015）。

在一般課堂上，教師從以上如此宏遠、一般性的教育目的，再做垂直分類到三個教育階段的核心素養、再**轉化**（transform）到各領域／科目核心素養。目的又好像是靶子，越近越容易打中。底層的目標逐步完成後，高遠的教育目的最終就可以達成。除了以上垂直進階性外，各領域／科目核心素養還有水平衍伸性，依各領域學習重點來呈現核心素養（國家教育研究院課程及教學研究中心核心素養工作圈，2015），請參見圖 7-4。學習重點又分為學習內容與學習表現兩個向度，後者常以動詞來表徵，再做

---

1 台師大陳佩英老師成立愛思客團隊（ASK）帶領高中跨領域教學之優質化。芬蘭也推動主題教學，因為現實生活中的問題並不是分科的。

水平分類成**認知領域**（cognitive domain）、**情意領域**（affective domain）及**動作技能領域**（psychomotor domain）三類（郭生玉，2004：171-181；Bloom, Englhart, Furst, Hill, & Krathwohl, 1956）。事實上這三種並非截然可以劃分、也不盡然周延，只是我們這樣描述有利於操作，尤其是在測驗上。以下對這三種教學目標的內容加以詳述。

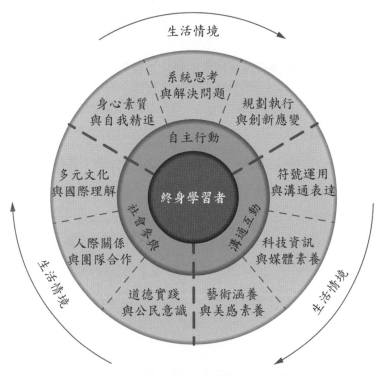

圖 7-3：核心素養的滾動圓輪意象

資料來源：取自國家教育研究院課程及教學研究中心核心素養工作圈（2015：2）。

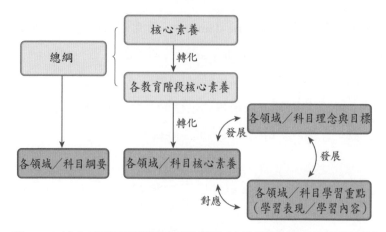

圖 7-4：核心素養在課程綱要的轉化及其與學習重點對應關係

資料來源：取自國家教育研究院課程及教學研究中心核心素養工作圈（2015：7）。

一 認知領域

認知領域的六個次目標，包括從基本的回憶知識，到較高層次的心智能力與技巧，由 Bloom 等人（1956）所提出，分為**知識**（knowledge）、**理解**（comprehension）、**應用**（application）、**分析**（analysis）、**綜合**（synthesis）與**評鑑**（evaluation）；除了知識以外，其他五個類別都屬於心智能力（intellectual abilities）。上述六個次目標形成由易至難的累積性學習層次，並構成知識階梯（knowledge ladder）（李大偉，1995：31）；想通往高層次，必先以低層次的學習為基礎，如圖 7-5 所示。

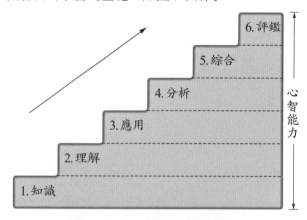

圖 7-5：認知領域的知識階梯

資料來源：李大偉（1995：31）。

（一）知識

知識，又細分成三種：一是事實，屬於特定事物的知識；二是程序知識，有關操作之程序；三是定律，像是乘法交換率、牛頓第一定律等。知識本身並沒有特定的目的，是相對枯燥乏味的；而知識背後的脈絡、故事背景、怎麼推演的、為什麼會發現、又是怎麼被推翻的，才是慢慢能建立知識體系架構與創新思考訓練的重要關鍵。

（二）理解

理解，則需要從知識進入到另外一個層次的轉換，能夠了解教材內容能代表的意義。譬如讀新詩或古文的時候，要翻譯成現在可以理解的語言。沒有理解，知識就會是破碎的；所以從知識到理解，這個層級跨得很大，對於學生和教師來說都是不容易的。

（三）應用

所謂應用，是可以將所學應用到一個新的情境，來解決所遇到的問題。這可以是應用原理原則，也可以是程序或方法。

以上這三個層次差異極大，因此韓愈在《師說》裡寫到：「師者，所以傳道、授業、解惑。」能教導相對高階的理解、應用層次，而不只是限於知識層次，才能成為一位真正的人師。

（四）分析

分析，是將教材內容釐清成更細小的要素，並能解釋這些要素之關係或組織。比如說，解析二次大戰對政治、經濟與社會各層面的影響。

（五）綜合

綜合，是需要把教材中之各要素集結起來、合在一起看，然後綜合評

述。例如：說明唐代至明清間小說的流變，包括文體與內容結構的不同。分析的能力和綜合的能力正好是一體兩面，一個是看細部的，一個是從細部去看鉅觀層面。可惜因為考試的關係，使知識過度瑣碎化，往往失去了分析和綜合的機會。目前重要考試為求快速精準，大部分都是填選擇題、塗答案卡，沒有申論題、沒有寫作，學生就沒有組織及陳述自己意見的機會，很難展現出分析和綜合的能力。

（六）評鑑

評鑑就是要去比較、去評論。例如：請根據印象畫派的觀點，就某一幅畫的構圖、用色，來判斷、做一個評鑑；或者針對一篇作品來進行評價。以國文賞析為例，在教學上可有兩種方式，一是俯瞰式：「為什麼這個人在那個年代會寫這個文章？」但在這之前，讀者先不細讀文章，而是了解時代脈絡；二是對於作者風格和時代背景都先不講解，而是由下至上，從文詞與文意先講授。教師可以用這兩種方式，讓學生了解自己喜歡用哪種方式來賞析文章。當課文比較適合俯瞰式時，分析、綜合、評鑑的目標就會被強調。如果課文有很多細部的字句、翻譯、解釋、艱澀詞彙要教的話，就可能比較重視知識跟理解。當然，在這樣的情況下，評量的方式也會有所不同。

二　情意領域

情意就是指態度。上課不只是學習技能而已，還有態度的改變。Krathwohl、Bloom 與 Masia 將價值內化的程度分為五層（引自郭生玉，2004：176-180），分別是**接受或注意**（receiving or attending）、**反應**（responding）、**珍視**（valuing）、**組織**（organization）與**內化**（characterization by a value or value complex），也是有其階層性，如圖 7-6。

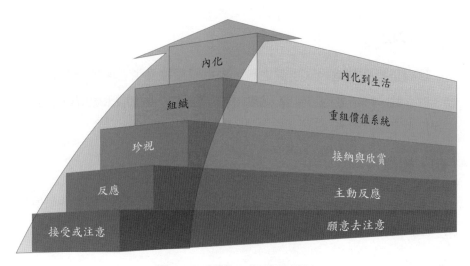

圖7-6：情意目標的階梯性

資料來源：郭生玉（2004：177）。

（一）接受或注意

什麼是接受呢？指學生上課有注意、有覺知到教師正在講解的內容，這是最起碼的態度。所以為什麼有些老師會收學生的課本或筆記回來看，就是要看他們接受的情況如何。上課的時候能夠專心致志、能夠做筆記，就已經是顯現出學生的學習態度。不要小看記筆記，這是大腦多工（multi-task）的結果，是相當不容易的事，需要眼到、手到、心到，重點在於「有意願的接收」跟「選擇性注意」。所以學生上課做筆記，或者至少有劃線、有註記，都是很重要的學習態度的展現。

（二）反應

反應則是指教師講課時，學生會自發或依規定拿起筆來做筆記、點頭反應，這樣就會有師生互動。學生的學習行為也提供了線索，讓老師知道課堂的狀況，進而可做教學上的調整。

（三）珍視

珍視是指在經過幾次上課之後，學生慢慢接受了老師的一些教學活動，會喜歡、珍惜老師這堂課，開始接受老師的一些知識和想法，也願意參與投入，進而有所承諾。

（四）組織

當學生上了課後，越來越能接受並珍視某些價值，就會將這些價值集結、組織起來，形成信念。

（五）內化

最後，在組織了信念之後，學生進而把這些信念內化成個人的性格，或成為自己的價值觀之一，長期在生活中實踐。這就是情意目標的最高表現。

三　動作技能

美國學者 Saylor 認為動作技能分為：**感知**（perception）、**準備**（set）、**模仿**（imitation）、**機械化**（mechanism）、**複雜外顯反應**（complex overt response）及**創作**（origination）等六項（郭生玉，2004）。此外，Simpson（1972）亦提出技能領域的教育目標有七個層次：感知（perception）、準備（set）、引導反應（guided response）、機械化（mechanism）、複雜外顯反應（complex overt response）、適應（adaption）和創作（origination）。其分類方式與上述 Saylor 非常類似，但在創作和複雜反應之間加入一個適應。例如：教師指示學生唸課文的時候快一些、慢一點或清晰些等等的調整動作。

另一方面，Harrow（1972：32）則提出動作技能由簡單到複雜可分為六個主階層：反射動作（reflex）、基本基礎動作（basic-fundamental movements）、知覺能力（perceptual abilities）、體能（physical abilities）、技

巧動作（skilled movements）與有意溝通（non-discursive communication）。他所提概念較傾向於體育方面。但不要以為只有體育課才會用到動作技能的目標，在實際課堂情境中，其實都會使用到動作技能，例如：英文課要站起來發言。很多科目都需要肢體上的表達。

依照 Saylor 的概念，第一步是感知，譬如教師要教學生怎麼背誦古詩，學生知覺到要怎麼去背誦、怎麼去表達。第二步是準備好動作或口型，第三步為模仿，由學生自己重複做幾遍。第四步，即是機械化動作，練習幾遍後便會開始熟能生巧。之後才會有複雜反應或創作，例如自己在寫文章的時候，可以把其他過去學到的東西融入進來，然後創作出屬於自己的見解、文體。所以每一件事情都可以透過口說、聽覺、感官動作來表達，從最簡單的知覺、準備和模仿，到後來的機械化、複雜化反應與創作，一共六個層次。當然，教師的教學更是動作技能的展現，我們可以藉由錄影方式，回頭檢視教學情形。在教學中是否口語清晰？是否有左右環視？然後依實際情形做進一步的調整。講台等同舞台，教學事實上是一種動作技能的展演，因此教師需要足夠的肢體語言，而那是需要練習與調整的。從一開始的模仿、知覺到優秀教師的表現，然後慢慢類化成自己的，最終可以慢慢展現出自己的教學特色。

Anderson 認知領域教學目標的分類與雙向細目表的編寫

Anderson 等人（2001: 66-67）覺得 Bloom 等人在認知領域上的分類較不符合現今對主動學習的強調，因此他們做了以下修正——將原先單向度、累積性的教育目標改成雙向度的呈現方式。其中一個向度為知識向度，協助老師確定要教什麼（即學習內容），除事實性（factual）、概念性

（conceptual）、程序性（procedural）知識外，還有後設認知（metacognitive）知識。另一向度為學習者的認知歷程（即學習表現），協助學生保留（retention）與遷移（transfer），因此這個向度都是使用動詞。比如說將知識改成記憶，學生記住這些知識才是教學目標。至於分析、綜合則併在一起，然後多了一個創造。所以他們認為教學目標應該是這六個較為合適：**記憶**（remember）、**理解**（understand）、**應用**（apply）、**分析**（analyze）、**評鑑**（evaluate）、**創造**（create），也是符合階梯順序（如圖 7-7）。他們對教學目標的改變，更著重於課程、教學與評量三方的連結。圖中的動詞可以是列出、辨認、分類等等行為，而名詞是學習的內容。以後設認知這個向度為例，學生所要發展的能力依序為找出記憶策略、預測結果、使用配合自己強項的技巧、解構偏見、反思進步、創作學習檔案。

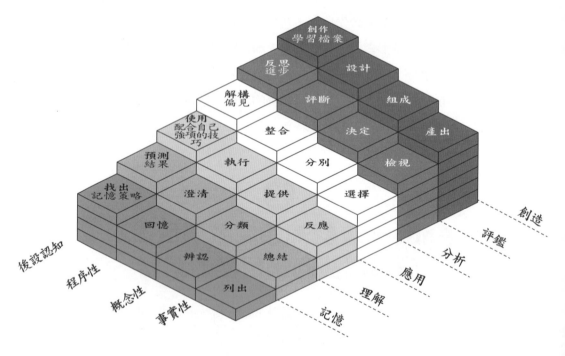

圖 7-7：認知目標階層圖

資料來源：修改自 Heer (n.d.)。

再補充說明，不管是事實性的知識也好，程序性的知識也好，記憶都涉及**再認**（recognition）或回憶（recall）這兩種方式。前者是先有出現刺激的訊息，個體再去檢驗這些刺激是否為已經編碼且儲存的訊息；後者則沒有提供刺激訊息，個體必須自己產生內在線索，所以記憶的提取會相對困難。就測驗題型來看，前者就是選擇題，而後者常是申論題。在選擇題中的四個選項，其實就提供了某些線索，學生可藉此選出對的選項。但是如果沒有線索給學生，他們可能就無法說出這些知識。所以再認的知識常是比較破碎的、較缺乏整體性的；而回憶是自長期記憶中**檢索**（retrieve）有關訊息，自己能將知識產出、描述，例如：「請用 100 字把光合作用的流程敘述一遍。」故常用於申論題。

由於各領域／科目課程綱要（領綱）都會列出各年級的學習重點，教師在撰寫教案的時候要再把這些重點轉化為課室裡的單元教學目標，並以認知、情意和動作技能的三個向度來寫。接下來在寫具體教學目標時，這又被稱為行為目標，因為這目標的撰寫要包含五個要素：第一個要素是展現行為的人——這是學生，不是教師；第二為相關的情境；第三是要展現的行為動作；第四是評量的標準；第五則是終點行為應為何。例如：「學生能在十分鐘內拼出七個英文單字。」所以行為目標很重視學生須指出、了解、覺知、熟悉、圈選、列舉、計算與書寫等等外顯行為。行為目標較適合認知領域，若是內隱的情意目標，則不用強調低層次，而是以高層次的目標為主（如欣賞、喜愛）。

另外，目前各校幾乎都會規定月考時，老師出題要列出**雙向細目表**（two-way specification table），如表 7-1 所示。雙向，一個是教學目標，一個就是教材內容，這樣做出來的表，可幫助教師了解教學目標與教材內容之間的配分、搭配比例是否合適。儘管雙向細目表看不到題目的品質，像是難度、鑑別度，但至少可以了解教材內容和教學目標的搭配情況。一般而言，在雙向細目表左邊的直欄會列出教材內容，通常是以單元內容作區分；表上的橫列則列出學習結果，即認知領域之六個目標。每個細格內可

寫上每種內容在各認知領域出題的分配比率或題數，這比重取決於每項學習結果和每項教材內容在整個學習活動中之份量，以評估這些題目的分配是否允當。雙向細目表中的每個細格要放多少題，其實並未有定論，主要是看題數總共有多少以及內容或教材的複雜度而定。實際使用上，年齡越小的孩子通常適用較少題目；施測的時間越長，題目相對也會越多。

表 7-1：雙項細目表範例

教材內容		教學目標：認知歷程向度						總題數
		1.記憶	2.理解	3.應用	4.分析	5.評鑑	6.創造	
第一單元	第一章	1	1	1				3
	第二章	2	1	1	1		1	6
	第三章	1	2	1	2	2	1	9
	第四章	2	1	1	1	1	1	7
單元總題數		6	5	4	4	3	3	25

肆
補救教學的目標與課程設計

十二年國教課程依據全人教育之理念，配合知識結構與屬性、社會變遷與知識創新及學習心理之連續發展原則，將學習範疇劃分為八大領域，此為部定課程。至於在校定課程部分，在國中小為彈性學習課程，可為跨領域統整性主題、社團、服務學習等，亦包含有補救教學。補救教學係指協助未達到原班教學目標或學習有困難之學習低成就者，針對其學習困難與原因，依據個別的需求，設計一系列的學習補救措施。補救教學的課程設計須依據學生篩選測驗後的結果來決定補救範圍與內容。黃政傑（1991：266-267）認為內容範圍應朝向深度與廣度兩面向來思考，這也是

Bruner 所提倡的螺旋式課程之概念。深度、廣度這兩項看似是矛盾的，因為我們教師的教學時間是固定的；但是若我們把內容視為是概念的累積、深度視為累積範圍的延伸，故越是能有應用性、**學習遷移**（transfer of learning）最大，就值得去花時間學習。所以，越基本的指標、越多學生未達成之學習內容，越要優先列入教學內容。再者，教師在帶領補救教學時，首重對學生先備知識與學習困難的掌握（內容），類似於醫院的診斷式處方，並再搭配學生之生活經驗（活動）、配合社會生活的關聯性，就可作課程的統整與材料的選擇（黃政傑，1991：259-264）。以上這些都要緊扣著核心素養，尤其要注意學生學習態度的培養。接下來教師可再做細部的分化，如將知識概念再細分，或者讓學生分組學習等等。這些在差異化教學一章會再說明。

補救教學教師應至少先熟悉三大心理學理論：（1）強調**後效強化**（contingent reinforcement，個體行為的後果可決定以後的行為）以及**行為塑造**（behavior shaping）的行為主義；（2）新行為主義的模仿與身教、強調知識學習歷程的認知主義；（3）強調以學生為中心的人本主義。接著再將這些理念轉化成教學的四條件——如何引導學生準備學習的心向、如何選擇學生最易吸收的教材、如何呈現教材、如何維持學生動機（張春興，2007：345-346）。

以下再說明三種教學模式：

一 教學模式搭配課程模式

圖 7-8 下半部所呈現的是 Glaser（1965）所提出的一般教學模式，是從教學目標出發，最後到達教學評鑑。圖 7-8 上半部則是 Taylor 的課程模式，呈現如何從課程目標轉化到教學目標。

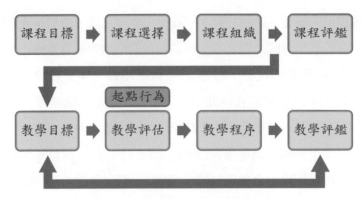

圖 7-8：教學模式搭配課程模式

二　ADDIE 模式

　　由 Dick 和 Carey（1996: 2）所設計的模式包含有分析（**A**nalysis）、設計（**D**esign）、發展（**D**evelopment）、實施（**I**mplementation）、評鑑（**E**valuation）五部分。學生的**起點行為**（entry behavior）是放在分析，除學生的內部條件外，還包含有分析外部學習環境。請參見圖 7-9。

圖 7-9：ADDIE 模式

三　補救教學模式

　　請注意，以上這兩個模式有關學習者起點行為的位置都不同。在補救教學，這個分析一定要早做、做好，再來思考其餘的部分。這點和傳統教學以準備課本內容為依歸有極大的不同。教師使用補救教學教材時，不宜拘束教材編撰的順序。一個較為合適補救教學的模式如圖 7-10，主要是以循環為其特色（教育部國民及學前教育署，2019）。最後，有效的教學目標可用 4M 來拿捏（江昀蓉譯，2014：58-60）：

1. 易於掌控與調整（Manageable）。

2. 易於評估（Measurable）。

3. 用目標來引導教學活動，這是製作教案的第一步（Made first）。

4. 重視最重要的技能（Most important）。因為教師最寶貴的資源就是時間，最重要的一定要先教。

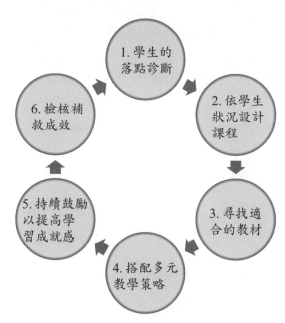

圖 7-10：補救教學模式

資料來源：修改自教育部國民及學前教育署（2019）。

依據美國心理學家 Mihaly Csikszentmihalyi 所設計的挑戰與技能兩向度（圖 7-11），教師可以幫學生找到最適合他們的壓力點，即就學生能力而言勉強可完成的挑戰（技能度與挑戰度都在最高點），這樣的任務反而可以達到**心流**（flow），即最優經驗感受，讓人全神貫注、忘卻時間（陳秀娟譯，1998：44）。他認為隨著挑戰度與技能度之不同，學生的感受也會有所不同，若挑戰度太低則會無聊，若技能度太高則會焦慮。在目標明確、立即回饋，且挑戰與技能相當的情況下，心流就會產生。以編織為

例，編織者很清楚自己所編的是否無誤，也樂於持續下去。在心流區旁的則是驚悚與掌控，前者需要加強技能，後者則是需要加強挑戰，這都是教師需要為學生斟酌的地方。

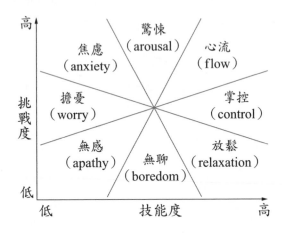

圖 7-11：挑戰與技能所呈現出的心流區

資料來源：陳秀娟（1988：44）。

　　相對於以學生為中心的建構教學法，更適合補救教學的是以教師為中心的**直接**（direct, expository 闡釋式）教學法。這是由美國 Ausubel 所提倡的，可讓學生在很少的時間內獲得大量的知識，但這並不是單純的講授法。學生要能**有意義的學習**（meaningful learning），是因為有先備知識的配合，在概念與概念間可以連結。所以 Ausubel 提出**前導組體**（advance organizer）的作法，認為教師在學生學習新知之前，要能喚起學生在長期記憶的先備知識，才是有意義的學習。這也是補救教學老師最要注意的部分，教學才容易成功。由於 Ausubel 認為學生的認知結構較抽象性（abstract）、普遍性（generality）、全面性（inclusiveness）的在上層，較特殊、具體的在下層（如圖 7-12 示例圖）。因此若教師在教學前提出一個比學習材料本身更具抽象性的引介，可讓學習者先形成一個相關的概念架構〔**概念構圖**（concept mapping）〕，以便納入新的學習材料。若學習材料對

學習者而言是相對陌生時，教師可採用**說明式組體**（expository organizer），以提供相關訊息。若學習材料與舊經驗有所關聯，則教師可採用**比較性組體**（comparative organizer），以比較新舊間的異同（張新仁，1993）。基本上就是要注意漸進分化、統整協調的原則，從普遍到細節、從舊到新。故教師扮演極重要的角色，要能夠找到從教材結構到學生認知結構的交接點。這也是 Vygotsky 提出的**鷹架學習論**（scaffolding learning theory）以及**近側發展區**（zone of proximal development, ZPD）的概念。最後，別忘了 Vygotsky 所提出的社會文化論（sociocultural theory），提醒我們注意學生的社會文化脈絡——尤其是語言——是如何影響學生主動思考與探索知識，也點出教師「文化回應」以及學生自由表達與相互對話合作的重要性。

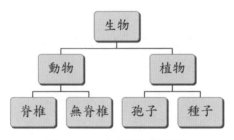

圖 7-12：知識階層示例

直接教學法最被推薦於補救教學，是因為此法強調小步驟教學、循序漸進（Slavin, 2009: 200）。曾世杰與陳淑麗（2010）認為，明示、結構化的教學即使被人認為是 SOP 又何妨？只要撰寫成逐字教案（scripted lesson plan），連志工或大學生都可以遵循，對補救教學的孩子來說都是有益的：

1. 說明今天的學習目標，導引學生這個有多重要、多有趣……
2. 回顧學習所需的關鍵能力或概念（前導組合）。
3. 呈現新材料內容；但時間不能太長，以免學生失去注意力。曾世杰與陳淑麗（2010）認為要盡量讓學生從頭到尾參與到底，不斷地啟、

應、啟、應──老師明示教導與提問、學生覆誦或回答。

4. 回饋與糾正：可利用口頭答問澄清學生所學或迷思概念。這時就是**精級化**（elaboration）最好的時機。這是將學習的內容與學生心中已有的觀念相聯結的歷程。

5. 個別練習：這是最容易出問題的步驟，要確保學生有 60% 到 80% 成功率（周新富，2014：305-306）。也可以先兩個兩個同學一起做。

6. 再回饋、補正或加強。

7. 分派回家作業：學生可以有不同的選擇，也鼓勵與家長一同完成來增加家長的參與。在《十二年國教總綱》（教育部，2015）教學實施項下特別闡述：「教師指派學生作業宜多元、適性與適量，並讓學生了解作業的意義和表現基準，以提升學習動機、激發學生思考與發揮想像、延伸與應用所學，並讓學生從作業回饋中獲得成就感。」也要特別注意不同社經背景的學生在家完成作業的可用資源不同，所以教師出的作業必須以能讓學生獨力完成為準（Horsley & Walker, 2013: ch. 6）。

另一種教學方法為精熟教學法（mastery teaching）（張新仁，2001），這和**個別化教學**（individualized instruction）不同，精熟學習的教學進度與精熟水準還是由教師決定，但給予學生足夠的學習時間，未達精熟的學生可繼續學習原教材（Brophy, 2004: ch. 5）。接下來，第八章將繼續闡述差異化教學的作法。

結語

補救教學教師要能掌握補救教學每個單元的認知目標，並轉化成有效的教學設計外，更要能強化學生情意目標的達成，並將這些目標整合在教

學設計中，才能使補救教學真正成功。英國經驗主義學者 Spencer 主張「生活預備說」，他曾提問：「什麼知識最有價值？」他認為學生不能成為搬運或貯存知識的螞蟻，而是要像蜜蜂那樣能釀出蜜來，這樣的教導才有價值。Rogers 則認為最高的目標其實就是自我實現，變得更有自信與更自主，這不就是補救教學的最大意義嗎？至於以學生為中心的自由學習原則，則認為老師不宜過於目標導向，老師的教學態度比教學方法更重要。差異化的教學其實就是在建構一個民主的課堂，師生可共同協商全班及個人的學習目標。最後引 Dewey 所說的一段話作結：

> 目的是活動過程中預見的結果，用來賦予活動意義、指導活動未來的方向。目的絕不是行動的終點，而是思慮的結果，而為行動轉向的樞紐。（引自黃政傑，1984）

問題討論

一、心理學家 Adler 認為人的行為是他依據目標而決定的結果。假若你要離開人世時，你希望你的墓誌銘上刻著：「這裡躺著一個 _____ 的人。」在追思會上，如果你希望你的朋友描述你是個 _____ 的人，你要如何達到上述目標？（洪蘭，2016）

二、二十年後，我們的孩子需要什麼？（註：筆者腦中有許多想法，但沒有一項能出現在學生的考試卷上。）

三、以「學生為中心」的學者認為，最好是學生主動學習先行，教育伺機跟上；當教育者擬定必修科目，學習是無法發生的。否則只是造成教更多但學更少的現象。你的看法呢？

四、大考中心已開始使用素養導向的考題，請分析其和傳統考題的差別。

參考文獻

中文部分：

大紀元新聞網（2006）。台立院通過校園禁止體罰 世界第 109 國。2013 年 7 月 17 日，取自 http://www.epochtimes.com/b5/6/12/12/n1554677. htm

江昀蓉（譯）（2014）。D. Lemov 著。**王牌教師的教學力：49 招教學秘笈**（Teach like a champion: 49 techniques that put students on the path to college）。台北市：遠流。

李大偉（1995）。**技職教育測量與評鑑**。台北市：三民。

周新富（2014）。**教學原理與設計**。台北市：五南。

洪蘭（2016，4 月）。教墓誌銘刻什麼更勝填鴨考試。**天下雜誌**，596，33。

國家教育研究院課程及教學研究中心核心素養工作圈（2015）。**核心素養發展手冊**。新北市：國家教育研究院。

張春興（2007）。**教育心理學：三化取向的理論與實踐**（重修二版）。台北市：東華。

張新仁（1993）。奧斯貝的學習理論與教學應用。**教育研究雙月刊**，32，31-51。

張新仁（2001）。實施補救教學之課程與教學設計。**教育學刊**，17，85-106。

張鈿富（2013）。**教育概論**（增訂三版）。台北市：三民。

教育部（2011）。**教育基本法**。2013 年 7 月 17 日，取自 http://edu.law. moe.gov.tw/LawContentDetails.aspx?id=FL008468&KeyWordHL=&StyleTy pe=1

教育部（2013）。**教育基本法**。台北市：作者。

教育部（2015）。**十二年國民基本教育課程綱要**。台北市：作者。

教育部國民及學前教育署（2019）。**學生學習扶助（補救教學）實施方案科技化評量系統操作說明簡報檔**。取自 https://exam.tcte.edu.tw/tbt_html/index.php?mod=download

郭生玉（2004）。**教育測驗與評量**（頁 171-181）。台北：精華。

陳秀娟（譯）（1998）。M. Csikszentmihalyi 著。**生命的心流：追求忘我專注的圓融生活**（Finding flow: The psychology of engagement with everyday life）。台北市：天下。

曾世杰、陳淑麗（2010）。補救補救教學：提升基礎學力的迷思與證據本位的努力。**教育研究月刊**，199，43-52。

黃光雄、蔡清田（2016）。**課程發展與設計新論**。台北市：五南。

黃政傑（1984）。論課程目標的建立。**教育研究所集刊**，26，61-113。

黃政傑（1991）。**課程設計**。台北市：東華。

黃炳煌（譯）（1981）。R. W. Tyler 著。**課程與教學的基本原理**（The basic principles of curriculum and instruction）。台北市：桂冠。

蔡清田（2012）。前瞻十二年國民基本教育課程改革。載於中國教育學會（主編），**2020 教育願景**（頁 263-288）。台北市：學富文化。

英文部分：

Anderson, L. W. (2002). Curricular alignment: A re-examination. *Theory into Practice, 41*, 255-260.

Anderson, L. W., Krathwohl, D. R., Airasian, P. W., Cruikshank, K. A., Mayer, R. E., Pintrich, P. R., Raths, J., & Wittrock, M. C. (2001). *A taxonomy for learning teaching, and assessing: A revision of Bloom's taxonomy of educational objectives.* New York, NY: Addition Wesley Longman.

Bloom, B. S., Englhart, M. D., Furst, E. J., Hill, W. H., & Krathwohl, D. R. (1956). *Taxonomy of educational objectives.* Handbook 1: Cognitive domain. New York, NY: McKay.

Brophy, J. (2004). *Motivating students to learn* (2nd ed.). Mahwah, NJ: LRA.

Dick, W., & Carey, L. (1996). *The systematic design of instruction* (4th ed.). New York, NY: HarperCollins.

Glaser, R. (1965). Toward a behavioral science base for instructional design (771-809). In R. Glaser (Ed.), *Teaching machines and programmed learning*, Vol. 2. Washington, D.C.: National Education Association.

Harrow, A. J. (1972). *A taxonomy of the psychomotor domain: A guide for developing behavioral objectives.* New York, NY: David McKay.

Heer, R. (n.d.). *A model of learning objectives.* Retrieved from http://www.celt.iastate.edu/wp-content/uploads/2015/09/RevisedBloomsHand-1.pdf

Horsley, M., & Walker, R. (2013). *Reforming homework: Practices, learning and policy.* South Yarra, Melbourne, Australia: Palgrave MacMillan.

Iowa State University. (2012). *Revised Bloom's taxonomy.* Retrieved from http://www.celt.iastate.edu/teaching/effective-teaching-practices/revised-blooms-taxonomy/

Simpson, E. J. (1972). *The classification of educational objectives in the psychomotor domain. The psychomotor Domain* (Vol. 3). Washington, DC: Gryphon House.

Slavin, R. E. (2009). *Educational psychology: Theory and practice* (9th ed.). Upper Saddle River, NJ: Pearson.

第 8 章

差異化教學

陸偉明

> 如果學生還沒學好,那是老師還沒教好。
> —— 直接教學法創立者 Siegfried Engelmann

本章提要

這是一個充滿挑戰的時代,沒有一種單一方法可適用於所有學生;學校也不是工廠,不需要做規格相同的成品。越能貼近學生的個別差異與需求、越差異化的教學(因材施教),越可以扶弱又拔尖。本章首先介紹不同取向的教育哲學理念,接著說明差異化原則,與讚美、學習風格、多元智能等理論。最後介紹差異化教學的實施策略——可從教學目標、教學內容、教學方法及教學評量等四方面著手。

思考你的教育哲學

　　對教育的理念不同，就可能會有不同偏好的教學方法。首先，我們來了解「教育」（education）和「上學」（schooling）的不同。教育不是知識的灌輸，而是心智覺醒的歷程。從教育的拉丁字源來看，有人著重於educere: to lead out（引出）；有人則著重於 educate: to train or mould（訓練或塑造）。前者強調個體有無限的潛能，像 Dewey 所說的，教育本身沒有什麼目的，「教育若生長」（education as growth）；後者則強調個體的無，像白板一樣，需要外力介入在個體身上，像 Peters 所說的，「教育若啟導」（education as initiation），教育是有心安排的活動（張光甫，2012：13-17）。不同的教育哲學，會在教育目的、課程、教學方法與評量上有不同的作為，大抵不脫離在保守與進步這個軸線上，或者簡單區分為以教師為中心或以學生為中心。比如說在課程方面，理性主義強調要讀經典，但經驗主義重視學生操作；在教學方面，有著重教師講授法，亦有著重學生合作學習者。近年來有**反學校化**（deschooling）思潮，就是有鑑於學校已成為**文憑主義**（credentialism）下的工廠，所「生產」出來的學生是著重學歷與成績，但不盡然有能力且能為社會所用，我們要有所反思！想要成功地進行差異化教學，教師首要須拒絕將學生視為無差異的個體，以更多元的角度看待每一個學生與班級組成，接下來所設計的各項教學活動自是不同，也才能積極回應學生的學習落差與創造成功經驗！

　　接下來，我們要思考如何面對差異（陳偉仁、黃楷茹、陳美芳，2013）。美國向來以多元殊異（diversity）來實踐民主與平等的核心理念，而差異化教學不僅是教學技術的面向，更是教育哲學的體現。若將差異視為不同、甚至是異常，這是和「將學生視為獨特」會有截然不同的措施！「彩虹之美，因多色互存；人生之樂，因多人共學；融合之益，因擁抱差

異，適性而教。」（鈕文英，2009：iii）斯如是言！教師必須體認到學生都有不同的興趣、學習方式，就像擁有不同的身高體重一樣，教師不僅要能看見差異，還要能悅納差異，給學生適當的學習支援、營造友善的學習環境。差異化教學可不僅僅是個別化教學而已，其教學可以是全班的、各組的或個人的，是相當積極且具彈性的教學模式，以幫助學生訂定挑戰、發揮潛能，真正創造學生與學校雙贏的局面。尤其對學習落後的學生，教師要能找出他們的優點，並培養自己對這些學生的欣賞態度，才能有持續前進的動力（張碧珠等譯，2014：16-20）。

在教育部《十二年國民基本教育實施計畫》（教育部，2011）配套措施五〈精進高級中等學校師資人力發展〉的方案 5-1 項下，針對差異化教學有六點：

1. 能認識教室中學生的多元能力與多元需求。
2. 能執行差異化的教學策略。
3. 能確實評估學生不同的學習成熟度（準備度）。
4. 能了解學校與地方政府的學習支援系統。
5. 能有效運用校內及校外的資源，與專家學者合作設計、執行差異教學的輔導方案。
6. 能主動解決學生的學習問題。

這些作為其實就是一種**適性**（adaptive）教育（黃政傑、張嘉育，2010）。學生不用再穿同一個尺寸的衣服了！以下針對第 1 及第 2 點再詳作說明。

差異化原則

這是一個充滿挑戰的時代，沒有一種單一方法可適用於所有學生。教

室裡的學生有各種狀況，也會有多元需求。多數的學生不是**學習障礙**（learning disability, LD），只是學習困難，或者說是「學習策略缺乏」。學障是個體出現某種程度的神經損傷，導致大腦與知覺之間的訊號處理出現問題，其類型分為視知覺障礙如失讀症（dyslexia）、聽知覺障礙、語言學習障礙、過動、注意力分散、記憶障礙等（呂翠華譯，2008：32-34）。目前有**融合**（inclusion）方案的實施，這些都是要與特教老師充分合作。這邊要提醒的是，勿把學生分成高成就、一般生、需補救及特殊教育生四種，這樣又會落到標籤化的狀況。

　　學生的差異化來自內外兩大因素。內部因素有能力、智力，以及非智力因素的學習動機、興趣、學習習慣、學習風格等；外部因素有家庭、家長社經地位（父母教育程度、職業、收入）、社區、族裔等等。我們要知道，學生來自各方不同的家庭環境，本就會有很多的不同。我們要特別注意的是，家庭社經地位會透過許多因素的中介，造成學生教育機會與學業成就的不同。圖 8-1 是陳奎憙在《教育社會學》（2017）一書中所提及的中介因素。

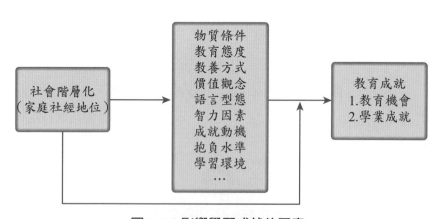

圖 8-1：影響學習成就的因素

資料來源：陳奎憙（2017：90）。

為避免社會學家所稱的**馬太效應**（Matthew effect）（聖經中馬太福音富者恆富、貧者恆貧的故事）（余民寧、李敦仁、趙珮晴，2012），我們特別要注意，不要讓學生輸在起跑點，否則隨著時間，學生成就表現之差異會越來越大。尤其在小學階段有非常重要的時間效應，小一小二須建立閱讀的習慣與認字，小三開始無注音的輔助，閱讀會更形困難。小三開始的分數與小數，因為在日常生活中用得比較少，在學習上也容易碰到障礙。我們要知道，家長的社經地位雖無法改變，但學校可以加入更多的家長參與，減少學生在家閒晃、看電視、打電動，讓投入的學習時間更多。另外，低成就學生普遍來說其家庭支持較少，所以更需要家長多用心投入。在《十二年國教總綱》（教育部，2015）實施要點第七點裡有說明：「學校可成立家長學習社群或親師共學社群，強化親師之間的合作，來增進家長親職教養知能，並支持學生有效學習與適性發展。學校也應定期邀請家長參加學校教學活動，建立親師生共學的學校文化。」希望藉此讓家裡的學習環境改善，讓學生的成就動機、抱負水準都增強。

若是學生學不會老師教的東西，就改用學生學得來的方法去教他們——這是差異化教學最核心的概念。老師要盡可能提供足夠的時間讓學生嘗試與練習，或是動手做，因勢利導，讓他們有不同的學習機會。所以差異化教學要能平衡老師指定與學生自選這兩種任務。呂翠華書中（2008）提供了以下四個**差異性原則**（differentiation rationale）：

1. 所有學生在每一天中都用自己**所能接受的挑戰**去體驗學習。
2. 高自尊是來自於過去學生視為困難而今日能獲得成功的**學習經驗**。
3. 學生**有選擇的機會**並進而有期待的成果與掌控的能力。
4. 學生在成為一位成功學習者之前，必須感受到不管他們是誰，都是**被尊重的**。

《十二年國教總綱》（教育部，2015）實施要點的教學實施項下有闡明：「為增進學生學習成效，具備自主學習和終身學習能力，教師應引導

學生學習如何學習。包括動機策略、一般性學習策略、領域／群科／學程／科目特定的學習策略、思考策略，以及後設認知策略等。」以下先說明各種動機理論，至於其他策略在後面各章都會提及。

　　動機是引起個體活動、維持並促使活動朝向某一目標進行的內部動力。決定動機的內外在因素很多，外在（external, extrinsic）因素主要來自獎賞以及重要他人的鼓勵與支持，內在（internal, intrinsic）動機主要來自信念或期望。**期望理論**（expectancy theory）認為，個體是否有動機去完成目標，是根據對獎賞的期望而定。Edwards 與 Atkison 提出動機的公式（王明傑、陳玉玲譯，2002：469）：

$$動機＝覺知成功的可能性×成功的誘因價值$$

有趣的是，當成功的可能性只有一半時，動機最強。再者，讓學生有「學業成功是有價值的」信念比學生的實際能力更能預測成就。由於低成就學生過去的學習經驗較為挫折，故我們更應該提供支持性的力量，所以，教師要讓「成功必須在所有的學生都能夠達成的範圍內，但又不是很容易達成的範圍」（王明傑、陳玉玲譯，2002：470）。這也符合 Keller（1987）所提出的 ARCS（Attention, Relevance, Confidence, Satisfaction）動機模式。Weiner（2010）所提出的**歸因論**（attribution theory）從社會心理學的角度出發，更是相當有系統地說明了動機的來源。他提出三個歸因向度：（1）內外在來源因素，（2）穩定性，（3）能控制性。舉例來說，努力就是屬於內在的、不穩定的、能控制的。這三個歸因向度以「能控制性」最為重要，這是來自 Rotter（1966）根據社會學習論提出的**制握信念**（locus of control），認為增強作用的產生是由於個體本身行為的後果、個體所具備的能力或特性所造成；個體對這些行為後果或特質若具有控制作用，則有內在制握信念，簡稱「內控」。若增強是基於個體所不能控制的外在力量如機會、命運，稱為外在制握信念，簡稱「外控」。研究顯示，能控制性對學生的任務選擇、堅持、乃至於學業成績都會有影響（周新富，2014：

67）。所以若要學生樂於學習，要讓他們能歸因於「能掌控的」（努力）而非「不能掌控的」（能力、運氣）（高麗鳳譯，2011：67）。而且教師要能提供恰如其分的任務，才好讓學生有勝任感，進而促進其自我效能。

另外，學生會為成功而努力，是相當重要的**成就動機**（achievement motivation），不過隨著年級增加，學生越來越會重視**表現目標**（performance goal）而非**學習目標**（learning goal），因此會不喜歡挑戰以避免失敗。Covington 的**自我價值論**（self-worth theory）探討有些學生為何不肯努力學習。他認為學生在長期追求不到成功的情況下，會形成一種不認同努力的對策，來維護自我價值。尤其是相信智力為穩定不可變（智力本質論）的學生，會比持有智力增長論的學生更極力避免負向評價，進而影響學習行為（曾世杰譯，2010：298-300）。教師更需要鼓勵學生主動努力學習並評量自己的所學，提供成功經驗以協助學生維持自我意象，做得比以前好比做得比別人好還重要，並有效地使用讚美。誠懇、發自內心的讚美，會使學生相信並有助於提升他的自我價值。讚美會帶來一時的振奮，但可能造成學生以後害怕失敗而不敢嘗試。所以讚美不能空泛，不僅要能即時針對特定的行為給予清楚的回饋，並且要能將此行為歸因為學生的堅持與努力（Eggen & Kauchak, 1997：207-208）。接下來可以教導學生**自我讚美**（self-praise）（呂翠華譯，2008：38），教師也可提供每日檢核表，讓學生自己檢核、自己省思（如表 8-1）。當代動機理論更進一步把焦點放在高層次的思考歷程，利用有意識的覺察，更可以有主動出擊的控制感。也就是說，教導學生發揮正向思考的功能，比思考的內容（如信念、期望）更有進步成效（李弘善譯，2003）。

表 8-1：學生的每日檢核表

今日的目標	已完成 ☺	未完成，我的堅持與加油！
1.		
2.		
3.		

資料來源：引自呂翠華譯（2008：38）。

學習風格與多元智能

　　每個人在學習時、在感知與處理時都有其偏好的學習方式，稱為**學習風格**（learning style），比如說從五感的形式（modality）來看，有些人可能是聽覺型或觸動覺型，但更多的是視覺型。從學習情況（learning profile）來看，有人喜歡獨立做事、有人喜歡合作，也有人喜歡競爭。**多元智能**（multiple intelligences）理論讓我們知道有些人會擁有優勢的一兩項智能（語文、邏輯、視覺、音樂、肢體、人際、內省、或自然觀察），所以老師要能積極地創造多元的教學情境，讓學生接觸到多類型的學習活動，以達到不同的學習經驗。我們可以想像，在一個充滿成功的學校裡，搗蛋還有啥意思呢？老師享受他／她的教學、確保每位學生都能學習，不就是天堂？但在《因材施教》（丁凡譯，1998）這本書中，作者 Armstrong 老師指出在美國普通班裡的教學，簡直是極盡可能地摧毀孩子原來獨特的學習方式。國內在大班與標準化測驗之下，此狀況恐過之而無不及。學校教育恰好破壞了教育的本質！醫生依其專業下診斷，教師也應著重學生的個別差異來開學習的處方，不是嗎？在該書中，作者利用 Gardner 的多元智能，設計了不同的方式來教導九九乘法：語文強的可以背誦、邏輯強的可用小石子排出倍數、空間強的則用一百格紙畫出倍數、動覺強的用打拍子、音樂強的可唱韻謠等等，都是有趣的活動。當然，老師的備課會更花心思與時間。

　　若教師的教學能配合學生的學習風格，不是很棒嗎？過去一直有這樣的呼聲，相關的研究也相當多，不過 Pashler、McDaniel、Rohrer 與 Bjork（2009）的總結報告有了清楚的發現，值得我們注意：學生也許有喜歡的學習方式，但不見得採用這樣的方式就會有好的學習成效；有時這樣的學習偏好反而限制了學生的學習。老師還是要看學習的材料來決定呈現的方

式，比如說，若問學生：「等下老師要教你一些東西，你喜歡用看影片的、體驗看看、還是聽我說？」難道學生不會問你是要教哪種東西嗎？是舞蹈、樂器、還是數學公式？（Riener & Willingham, 2010）。研究者也指出，過去學習風格會如此盛行，主要是符合多元平等的教育概念，且研究此主題的成果多來自高學業成就者，以至於他們的成功經驗被放大了。不論如何，與其對學生做測試來決定他們是哪一種類型（可能都是混合型），教師不如花時間去找出最適切的教法——針對授課內容以及學生的不同程度與興趣。Silver、Strong 與 Perini（1997）認為多元智能理論強調的是學習的歷程，而學習風格理論著重的是學習內容與成果，若教師能將兩者結合，則更加完美！

差異化教學規定與策略

　　不論是差異化教學的方法、分組或差異化評量，都植基於多元的學生，以及多元開放的學校環境與學校本位課程（如圖 8-2）。首先在編班與分組部分，我們有極為清楚的規定。依據 2009 年修正之《國民小學及國民中學常態編班及分組學習準則》，就可落實實施差異化教學。第 3 條定義了常態編班：「指於同一年級內，以隨機原則（抽籤或依成績 S 型排列）將學生安排於班級就讀之編班方式。」也定義了分組學習：「依學生之學習成就、興趣、性向、能力等特性差異，將特性相近之學生集合為一組，實施適性化或個別化之學習。」另外，在第 8 條也說明了分組學習的實施規範：

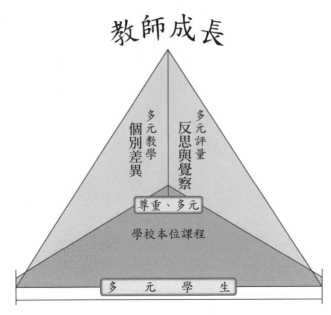

圖8-2：多元學生下的課程、教學與評量

　　國中小之分組學習，以班級內實施為原則。但國中二年級、三年級得就下列領域，以二班或三班為一組群，依學生學習特性，實施年級內之分組學習：

一、國中二年級得就英語、數學領域，分別實施分組學習。

二、國中三年級得就英語、數學、自然與生活科技領域，分別實施分組學習。其中數學及自然與生活科技領域得合併為同一組。

　　前項年級內分組學習之實施，應由學校邀請該校教師會代表（無教師會者，由各該年級教師代表）、學生家長會代表及學校行政人員共同訂定計畫，報直轄市、縣（市）政府備查。

須注意，公立國中小實施常態編班及分組學習情形是校務評鑑、校長成績考核及校長遴選之重要參據，學校若違反規定，校長及學校相關人員會依法令規定議處。根據研究發現，老師們都不喜歡教後段班（王財印、吳百祿、周新富，2009：329），所以能力分組要能成功，後段班老師的心態

與能力最為重要，學校對後班段的態度更是關鍵。

　　至於高中，則依 2013 年的《高級中等學校學生編班及轉班作業原則》第二、四、八點，落實實施差異化教學：

二、學校編班（科、組）及轉班（科、組）作業，應以學生為學習主體，依學生特性協助其探索生涯進路，引導其發展多元智能，並發展學校辦學特色以提升教學品質，同時給予每位學生同等之關懷及尊重，提供適性及優質之教育環境。

四、各校編班及轉班委員會應依本原則訂定編班（科、組）及轉班（科、組）作業規定，其內容應包括學生申請條件、編班（科、組）與轉班（科、組）辦理方式、運作程序及申訴處理等注意事項。

八、普通型高級中等學校二年級、三年級學生，得依其選修課程（學程）之差異，進行編班。

　　在《十二年國教總綱》（教育部，2015）的教學實施項下，有特別闡述：「為能使學生適性揚才，教師應依據學生多方面的差異，包括年齡、性別、學習程度、學習興趣、多元智能、身心特質、族群文化與社經背景等，規劃適性分組、採用多元教學模式及提供符合不同需求的學習材料與評量方式等，並可安排普通班與特殊類型教育學生班交流之教學活動。」至於在備課方面：「教師備課時應分析學生學習經驗、族群文化特性、教材性質與教學目標，準備符合學生需求的學習內容，並規劃多元適性之教學活動，提供學生學習、觀察、探索、提問、反思、討論、創作與問題解決的機會，以增強學習的理解、連貫和運用。」故考量學生的認知負荷，在差異化教學之下的教學目標可能會因分組而有所不同。如在英文課低成就組的教學目標為認出這些單字，中成就組為拼讀出這些單字，在高成就組則為找出這些單字的同義字或反義字。總之，相對於傳統教學以課本為

教學的指引，差異化教學是根據學生的準備度與興趣等，就以下三個層面予以調整（張碧珠譯，2014：9）：

1. 教學內容（content）的難易度或多寡。
2. 教學過程（process）裡的引導或教學速度。
3. 教學成果（product）的選擇、呈現方式或品質要求。

　　畢竟對學生來講，有興趣的事情總是學起來特別簡單。情緒可引發行動，所以教師多注意學生的興趣，讓他們有不同的選擇（成功菜單：描述、演示、分析、應用等）來引起學習動機、維持動機，是非常重要的。教師也要善於安排錨式（anchored）活動，將重點定位在一個有意義的情境，讓在不同時間內完成學習任務的同學可往下一項錨式活動來延展學習（張碧珠等譯，2014：49）。舉例來說，請學生將剛剛學到的七個動詞組成一篇文章，或請學生記錄自己的學習檔案。Slavin（2009）也針對有效的教學提出四個環環相扣的因素：教學品質（**Q**uality of instruction）、適當的教學層次（**A**ppropriate levels of instruction）、誘因動機（**I**ncentive）與時間（**T**ime），簡稱為 QAIT 模式，如圖 8-3。老師要先考量學生的狀況來提供誘因並調整教學，並能在有限的時間內善用方法以讓學生達成預定的學習成效。

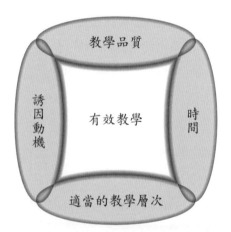

圖 8-3：QAIT 模式

資料來源：引自王明傑、陳玉玲譯（2002：403）。

最後要提醒，我們希望學生能夠將所學**遷移**（transfer）到真實的生活情境。學習遷移要能發生，原學習情境和新應用情境必須要有相似性，但除相同脈絡外，教師也要能夠接著提供不同的脈絡，各式各樣的情境（但原理或概念類似）才有助於學生來應用所學（王明傑、陳玉玲譯，2002：330-333）。教師準備多樣的教學內容，除了有助於學生學習遷移外，這些複雜但多刺激的經驗更適合大腦的意義化的形成（單文經譯，2003：23）。所以教師準備領域內的課程統整，甚至是領域間的統整，是能促進學生學習的好途徑！芬蘭導入主題式學習（phenomenon-based learning）以促進學生橫向能力（transversal competences）就是這樣的企圖！圖 8-4 列出訊息處理論所描繪的大腦三種記憶，以說明長期記憶在大腦多工處理之下可以儲存諸多訊息；事件的人地時事物越多，越不容易遺忘（情節記憶）。這個模型顯示學習是在個體內，但我們也別忘了學習也是發生在教學情境中（張景媛，2015：282）。在課室中我們練習、糾正越多，這些學習行為會成為程序性記憶，甚至內隱很多年都可以重新再被提取。

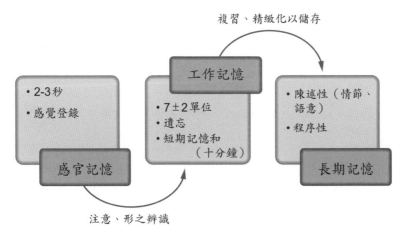

圖 8-4：訊息處理論所描繪的大腦記憶歷程

資料來源：引自張春興（2007：144）。

最後，我們採用 Walberg 與 Paik（2000）對有效教學的十大指引作為小結：

1. 家長參與（parent involvement）：不僅有助於學生做回家功課，而且也有益於學生其他心智之發展。

2. 批改回家作業（graded homework）：學生也可藉由老師的回饋或討論予以精進。

3. 學習目標與學習活動吻合（aligned time on task）：甚至測驗或評量都應與學習目標對應良好。

4. 直接教學法（direct teaching）：直接教學法在有關鍵知識且有系統之步驟時成效最佳。

5. 提供前導組體（advance organizers）：學生新舊知識的連結可提升理解的深度與廣度。

6. 教導學習策略（teaching of learning strategies）：學習自我監控與自我調節能加大學生的學習收穫。

7. 一對一家教或同儕小老師教學（tutoring）：可提升學生自尊。

8. 精熟學習（mastering learning）：特別適用於學習材料有系統組織時。

9. 合作學習（cooperative learning）：小團體的自我教導會提升彼此的學習。

10. 適性教育（adaptive education）：彈性採用不同的教學方法與材料。

伍

差異化的評量

在《十二年國教總綱》（教育部，2015）裡，對於學習評量與應用有以下的說明：

一 學習評量實施

1. 學習評量依據各該主管機關訂定之學習評量準則及相關補充規定辦理。
2. 學習評量應兼顧形成性評量、總結性評量，並可視學生實際需要，實施診斷性評量、安置性評量或學生轉銜評估。
3. 教師應依據學習評量需求自行設計學習評量工具。評量的內容應考量學生身心發展、個別差異、文化差異及核心素養內涵，並兼顧認知、技能、情意等不同層面的學習表現。
4. 為因應特殊類型教育學生之個別需求，學校與教師應提供適當之評量調整措施。
5. 學習評量方式應依學科及活動之性質，採用紙筆測驗、實作評量、檔案評量等多元形式，並應避免偏重紙筆測驗。

多元評量的方式，留待後章說明。總之，可從針對學習的評量（assessment of learning），到促進學習的評量（assessment for learning），最後達到評量即學習（assessment as learning）。

二 評量結果應用

1. 學習評量係本於證據為基礎之資料蒐集，其結果應妥為運用，除作為教師改進教學及輔導學生學習外，並可作為學校改進課程之參考依據。

2. 教師應依據學習評量結果與分析，診斷學生的學習狀態，據以調整教材教法與教學進度，並提供學習輔導。對於學習落後學生，應調整教材教法與進行補救教學；對於學習快速學生，應提供加速、加深、加廣的學習。

以下的情景不知大家是否覺得熟悉：

「考卷有一題我看不太懂，可能有兩種意思，但我不敢問老師。」

「我交了考卷才突然想起來我那題不小心寫錯了！」

「我不論在閱讀題目或撰寫答案上都比較慢。如果時間更多的話我可以考得更好。」

「我考完後回去查看我的筆記，我知道正確答案了，可是這一切都太遲了！」

我們所謂公平的測驗，其分數到底有多少是可信賴的呢？其分數誤差的來源可以是學生的分心、手寫的速度、題意的不明確……。再想想我們給學生考試的初衷又是什麼呢？若說課室測驗的目的是要幫助學生學得更好，應該沒有人反對吧？但上述這些學生的狀況恐怕與這目的背道而馳！老師們必須理解，真正有影響力的測驗（即幫助學生學得更好這個目標），不在分數本身，而是要重視學生努力的過程。在 Glasser《每個學生都能成功》書中（劉小菁譯，2005）描繪了沒有挫折的學校，就是以勝任（competence）為基礎，當學生的能力還未到達標準時，老師暫時性地不會給學生成績，而是給學生再學習的機會；甚至當老師發現多數學生在某些題目上遇到困難時，可以中斷考試，並為同學解說。**動態**（dynamic）評量就是在師生互動的過程中深入細察學生的解題能力。在評量的程序中同時介入協助或予以處方性教學，就是體現教學與評量合一的理念，以及得知學生的哪些思考能力可以因師生的教學互動而提升。近年來數學國教

輔導團推動複式（composite）評量，乃是教師在學生做完前置測驗後，挑選出學生錯誤較多的題型再另行編成複式卷，內含有學生錯誤的解題方法，學生必須再予以修正與說明，也具有數學溝通的功能（甯平獻主編，2016：388）。

另外，幫程度不同的學生準備難度不同的 AB 卷也可促進其作答的意願。過去我們的考卷都是為中等考生準備，再搭配一些較為挑戰的題目，所以資優生會覺得寫得很無聊，程度較差的學生則是趴下睡覺。若我們能將題目重新整編，等於是做了**適性化**（adaptive）測驗，這樣就更有教育的意義了。讓學生選擇作業也是需要注意，若學生會因為作業的完成度而得到獎賞或處罰，他們一定會挑選簡單容易的作業，以確保拿到分數或獎賞。所以差異化的作業必須以挑戰度為準，也不能依賴獎賞。依賴獎賞的學生在面對挑戰性的工作時會退卻，因為怕拿不到好成績。總之，現行學校制度最引人詬病的就是所謂「公平」的評分制度了，不論老師如何實施差異化教學，碰到定期段考，大家又被打回到原點。統一進度、統一評量，可說是差異化教學的最大殺手！

結語

差異化教學沒有固定的方法或規範，毋寧說是一種思考教學與學生學習的方式（林佩璇、李俊湖、詹惠雪，2018：6）。Tomlinson（1999）則認為差異化教學是教師回應學生的需求而成，教師在教學內容、教學過程與教學成果三項上予以調整，她也提出我們需要協助家長與學生了解差異化教學（張碧珠等譯，2014：55-62）。Tomlinson 以縱軸與橫軸兩座標為例來協助學生找到自己的定位，每個人都有強有弱，這就是個別差異。互相協助與鼓勵比大家都做同樣一件事情還重要，再搭配使用描述孩子成長發展的「廣角鏡」與特殊事件的「特寫鏡」，可讓家長更能深入理解孩子

並與老師有效溝通。

差異化概念不僅可用在教學與評量，還可以用在懲罰上。歐陽教（1995）認為懲罰有四種類型：

1. 「以直報直，以怨報怨」的報復性懲罰。
2. 「殺雞儆猴，以儆效尤」的懲戒性懲罰。以上這兩種皆不具教育意義。
3. 感化性懲罰：這是強調學生犯錯後的補救措施，當犯錯學生改過遷善後，才恢復學生權利。
4. 恕道性懲罰：公平對待原則，亦即「平等對待平等，差別對待差別」。假若有兩位學生遲到，但一個是因為熬夜打電動，另一位則是幫家人顧夜市攤位，原因不同就會得到不同對待，這才符合公平正義的原則。

總而言之，差異化教學各種方法的使用，還是需要老師的教育哲學與理念的探討，才能讓每一個教育活動都富有教育意義！所以我們才說教學既是價值中立、又是價值涉入的活動！美國教育學者 Bruner（1996）就曾說過，不管教育計畫能做得多周密，其中一定要留個位置給老師。因為，到了最終之處，行動都將在這裡發生。

深受 Dewey 影響的美國教育哲學家 Greene 在 1970 年代提出「教師若陌生人」（teacher as stranger），有別於「教師若園丁」、「教師若產婆」這些隱喻。她認為教師要像返鄉的陌生人那樣，以既熟悉又陌生的心情，認真面對每一天的挑戰，並能擺脫技術官僚的控制，找回自己的主體性。讓教師對教學、對自己、對學生都感到勝任愉快（吳清山，1998：204），教師的一切表現都有助於學生的發展與學習，不就是有效教學或**教師效能**（teacher effectiveness）的呈現嗎（周新富，2014：12）？《讓天賦自由》一書中提到「喜歡做的事」與「擅長做的事」結合，就是天賦（謝凱蒂譯，2009：52-54）。若老師喜歡做、又能將補救教學做好，就會是個快

樂、正向的老師，更會影響學生積極正向。這種感受，不論是對在課堂上的老師或學生來說都是很棒的。所以發展適性教育是相當必要的。不過，有時教師用盡心思，結果可能仍不盡如意。這時，Dewey 的「教育若生長」的隱喻就可以來補充 Peters 的「教育若啟導」。Dewey 認為，教育真是一種碰運氣的行業（chancy business），最後教育不過是自我教育而已（In the end, all education is self-education）（張光甫，2012：18-19）。希望有一天，我們不再用學習成就低落等字眼來描述學生，也沒有懼學症這種名詞，而是更尊重、接納與平等，讓每個學生都具有**自我效能**（self efficacy），有邁向成功的自信。讓我們一起來 Teach for Success！

問題討論

一、有些國小數學科的補救教學仍然禁止學生使用計算機，認為會影響學生的數感。請就差異化教學的理念與未來職場上的需要來思考這個舉措是否合宜。

二、在美國的葛拉瑟學校裡，對於還未達到學習成就的學生，會保留他們的學分但不給成績，直到他們完成目標為止（劉小菁譯，2005）。請就給予學習機會與公平評量的觀點來評述這樣的做法。

三、現實療法強調個案能辨識自己的需求，尤其是對成功的認定（success identity）。請討論成功與失敗認定的特徵與相關聯的情緒與行為，以及協助學生有效發展成功認定的方法（魏麗敏、黃德祥，2007：391）。

四、以下都是學生曾提出的問題：「我為什麼要讀地理？我又不去那些地方。」「我為什麼要讀歷史？那些都是死人的故事。」「我為什麼要讀英文？我又沒錢出國。」「我為什麼要學數學？我又不想成為數學家。」……遇到這樣的學生，你會如何說明學科和學生的關聯性？

五、學生的差異化來自內外兩大因素。請列出這些因素有哪些？

六、學生家長對老師出的作業常有很多意見，有些認為老師出得太多，

有些則認為老師出得太少。請依據《十二年國教總綱》裡對作業的說明提出你的作業設計，並寫一封信給家長來說明。

七、有老師認為對學生一視同仁很重要，在他眼中，學生不分男女、種族、階級，這樣的理念和差異化教學有何不同呢？

教學資源

愛學網：https://stv.moe.edu.tw/（教育專題下有差異化教學）

教育部因材網：http://210.65.89.151/index_AIAL2.php?t=1560999971

參考文獻

中文部分：

丁凡（譯）（1998）。T. Armstrong 著。**因材施教：開啟多元智慧，破除學習困難的迷思**（In their own way: Discovering and encouraging your child's personal learning style）。台北市：遠流。

王明傑、陳玉玲（譯）（2002）。R. E. Slavin 著。**教育心理學：理論與實務**（Educational psychology: Theory and practice）。台北市：學富文化。

王財印、吳百祿、周新富（2009）。**教學原理**（第二版）。台北市：心理。

余民寧、李敦仁、趙珮晴（2012）。正視馬太效應的影響：可變及不可變因素之分析。**教育學刊**，39，119-152。

吳清山（1998）。**學校效能研究**（第二版）。台北市：五南。

呂翠華（譯）（2008）。S. Winebrenner 著。**普通班教師的教學魔法書：改造學習困難的孩子**（Teaching kids with learning difficulties in the regular classroom: Ways to challenge & motivate struggling students to achieve proficiency with required standards）。台北市：心理。

李弘善（譯）（2003）。B. L. McCombs & J. E. Pope 著。**搶救邊緣學生：引發被埋沒的學習動機**（Motivating hard to reach students）。台北市：遠流。

周新富（2014）。**教學原理與設計**。台北市：五南。

林佩璇、李俊湖、詹惠雪（2018）。**差異化教學**。台北市：心理。

高麗鳳（譯）（2011）。D. W. Tileston 著。**所有教師都應該知道的事：學習者的個別差異**（What every teacher should know about diverse learners）。台北市：心理。

張光甫（2012）。**教育哲學：中西哲學的觀點**（第二版）。台北市：雙葉。

張春興（2007）。**教育心理學：三化取向的理論與實踐**（重修二版）。台北市：東華。

張景媛（2015）。差異化教學與學科學習輔導。載於何英奇、毛國楠、張景媛、周文欽（合著），**學習輔導**（二版）（頁 261-299）。台北市：心理。

張碧珠等（譯）（2014）。C. A. Tomlinson 著。**能力混合班級的差異化教學**（How to differentiate instruction in mixed-ability classrooms）。台北市：五南。

教育部（2009）。**國民小學及國民中學常態編班及分組學習準則**。台北市：作者。

教育部（2011）。**十二年國民基本教育實施計畫**。取自 http://12basic.tn.edu.tw/UploadFiles/C41B163A2A.pdf

教育部（2015）。**十二年國民基本教育課程綱要**。台北市：作者。

教育部國民及學前教育署（2013）。**高級中等學校學生編班及轉班作業原則**。台北市：作者。

教育部國民及學前教育署（2019）。**108 年度學習扶助科技化評量系統操作說明簡報檔**（班級權限、教師權限）。取自 https://exam.tcte.edu.tw/tbt_html/index.php?mod=download

陳奎憙（2017）。**教育社會學**（修訂四版）。台北市：三民。

陳偉仁、黃楷茹、陳美芳（2013）。學校學習支援系統中差異化教學的實施。**教育研究月刊**，9，5-19。

單文經（譯）（2003）。R. Fogarty 著。**課程統整的十種方法**（How to integrate the curricula）。台北市：學富。

曾世杰（譯）（2010）。M. Pressley 著。**有效的讀寫教學：平衡取向教學**（Reading instruction that works: The case for balanced teaching）。台北市：心理。

甯平獻（主編）（2016）。**數學教材教法**。台北市：五南。

鈕文英（2009）。**擁抱個別差異的新典範：融合教育**。台北市：心理。

黃政傑、張嘉育（2010）。讓學生成功學習：適性課程與教學之理念與策略。**課程與教學，13**，1-22。

劉小菁（譯）（2005）。W. Glasser 著。**每個學生都能成功**（Every student can succeed）。台北市：張老師。

歐陽教（1995）。**教育哲學導論**。台北市：文景。

謝凱蒂（譯）（2009）。K. Robinson 著。**讓天賦自由**（The element: How finding your passion changes everything）。台北市：天下文化。

魏麗敏、黃德祥（2007）。**諮商理論與技術**。台北市：五南。

英文部分：

Bruner, J. (1996). *The culture of education.* Cambridge, MA: Harvard University Press.

Eggen, P. D., & Kauchak, D. (1997). *Educational psychology: Windows on classroom* (3rd ed.). Upper Saddle River, NJ: Prentice-Hall.

Keller, J. M. (1987). Strategies for stimulating the motivation to learn. *Performance & Instruction, 26*(8), 1-7.

Pashler, H., McDaniel, M., Rohrer, D., & Bjork, R. (2009). Learning styles: Concepts and evidence. *Psychological Science in the Public Interest, 9,* 105-119.

Riener, C., & Willingham, D. (2010). The myth of learning styles. *Change: The Magazine of Higher Learning, Sep./Oct.,* 32-35.

Rotter, J. B. (1966). Generalized expectancies for internal versus external control of reinforcement. *Psychological Monographs: General and Applied, 80*(1), 1-28.

Silver, H., Strong, R., & Perini, M. (1997). Integrating learning styles and multiple intelligences. *Educational Leadership, Sept.,* 22-27.

Slavin, R. E. (2009). *Educational psychology: Theory and practice* (9th ed.). Upper Saddle River, NJ: Pearson.

Tomlinson, C. A. (1999). *The differentiated classroom: Responding to the needs of all learners.* Alexandria, VA: Association for Supervision and Curriculum Development.

Walberg, H. J., & Paik, S. (2000). *Effective educational practices.* Belgium: International Academy of Education, Geneva: International Bureau of Education.

Weiner, B. (2010). Attribution theory. In P. Peterson, R. Tierney, E. Baker, & B. McGraw (Eds.), *International Encyclopedia of Education* (3rd ed.), Vol. 6, pp. 558-563. Oxford, UK: Elsevier Science.

第 9 章

評量類型與考卷編製

陸偉明

老師問：「這一題：好學生，早早起，背了書包上學去。這一題是非題你為什麼打叉呢？」

我有一點害怕，不敢說話。老師更靠近我了，睜著大眼睛問：「你倒是說說看啊──」

「禮拜天不用上學去啊──」我只好實話實說。

── 侯文詠（1993）

本章提要

本章介紹評量的四種類型，分別為安置性、形成性、診斷性及總結性評量，並介紹編製考卷的歷程，最後說明傳統評量題型，如選擇題、配合題與申論題的編寫原則。

前言

　　過去我們習慣的學校考試就是三次月考，這樣就結束了。但實際上在教學情境當中，須依據教學歷程的不同階段與不同目的來安排不同的測驗或評量。《國民小學及國民中學學生成績評量準則》係於民國 90 年訂定發布，最新一次修正在 108 年。該準則第 4 條就列出八點成績評量原則，充分顯現出教師教學的自主（教育部，2019a）：

一、目標：應符合教育目的之正當性。

二、對象：應兼顧適性化及彈性調整。

三、時機：應兼顧平時及定期。

四、方法：應符合紙筆測驗使用頻率最小化。

五、結果解釋：應以標準參照為主，常模參照為輔。

六、結果功能：形成性及總結性功能應並重；必要時，應兼顧診斷性及安置性功能。

七、結果呈現：應兼顧質性描述及客觀數據。

八、結果管理：應兼顧保密及尊重隱私。

　　該準則第 6 條也有說明，定期評量中紙筆測驗之次數，每學期至多三次，以符合紙筆測驗頻率最小化之原則。該準則第 5 條亦建議採取實作評量與檔案評量，我們將於後章說明，以下先說明教育評量的四種類型以及使用的時機。

評量的類型

　　評量依目的或設計的不同，有許多種類型。以下依實施時間之不同，來分別說明四種評量類型。

一　安置性評量

　　就教學情境的時間點來說，最早使用的往往是**安置性評量**（placement assessment），以作為分等級或分組之用。例如英文分級制度，或依照先備知識的不同，將全班分為 A、B 兩組，以安排學生到不同組接受適合的教學。雖然目前明訂在國中不可以能力分班，但在教學上依然可使用分組的方式。OECD 在 PISA 2006 的研究報告即指出（OECD, 2007），被能力分組的學生，其表現受社經背景差的影響大，造成教育更不公平的現象，這可能是因為學校都把資源集中在前段班。因此許多教育專家認為台灣堅持常態編班是對的。但能力分組教學則較受到教師的青睞，因為在教學安排上比較容易，可以因材施教。不過分組若要有成效，筆者認為要有兩個要件：（1）校方在後段組更要投注心力與資源；且（2）不同組別的學生可以依表現而隨時流動，才能避免負面標籤的影響。

二　形成性評量

　　在學習過程中使用的是**形成性評量**（formative assessment），以用來評估學生是否了解教學的內容，例如小考等。形成性評量的重點在與標準（或效標）相比，不在與別人相比或排名次，且考試的範圍較小，通常是由授課老師自己出題。老師也可善用口頭答問來確認學生的學習情形，不盡然都要用筆試。

三 診斷性評量

診斷性評量（diagnostic assessment）使用的時機，是當發現學生的學習有問題或基本知識不足時，教師可藉由診斷性評量來了解學生的狀況，以適時調整現行之課程內容或教學方法，或另行安排補救教學。例如國小低年級最常使用的診斷性測驗，為兩位數的加法，以藉此診斷學生是否具備正確的進位與借位概念。

四 總結性評量

顧名思義，總結性評量（summative assessment）也就是我們所謂的期末考，常在整個課程結束後實施，所以考試範圍較大、難度與題型的變化也較大，用以了解學生的表現以排列等第。表 9-1 為上述四種評量的目的與時間、測驗內容、難度與常採用的參照標準之比較。

表 9-1：四種評量的比較

名稱	目的與時間	測驗內容	難度	參照標準
安置性評量	1. 評量學生於學習**前**應具備知能	應包含學習**前**所需相關知識能力	難度通常較低	常採標準參照
	2. 評量學生於學習**前**已具備知能	應包含代表性內容	難度分散較廣	常採常模參照
形成性評量	在學習過程**中**為教師與學生提供必要之學習回饋	應包括各階段之重要教學目標	配合教學目標本身的難度	宜採標準參照
診斷性評量	在學習過程**中**為診斷與了解學生的學習困難	應包含多數學生容易發生的學習錯誤	難度通常較低	常模或標準參照皆有其功能
總結性評量	評定學生於教學**後**的學習表現	應包含代表性的教學目標	難度分散較廣	常採常模參照

資料來源：王振世、何秀珠、曾文志、彭文松譯（2009：147）。

過去，評量只發生在學習結束之後，是為了檢視學習成效，但這只能算是**學習的評量**。現在，學習與評量關係還可能是為了**促進學習的評量**、甚至是**評量即學習**。前者目的在督促、幫助學習，並用以了解學生是否有學習上的困難，例如：課堂上的口頭問答與學習單。後者目的在培養學生自我學習的能力，例如：讓學生自己出考題，然後全班共同討論這些考題的難易度、內容、答案與疑慮。透過這樣的活動，學生亦能從中獲得相當的學習成效。

考卷編製的歷程

　　教師在決定了評量之目的後，傳統的紙筆式測驗會有其編製的步驟。圖 9-1 是編製的七個步驟。首先要根據表 9-1 決定測驗的目的，因為不同的目的會有不同的難度，考題的份量也都會有所不同。第二就是發展考卷的雙向細目表，讓教學目標與教學單元媒合來配置題目。第三是確定考卷的題型，例如：分析、評鑑的題目，可能要使用申論題、問答題，而有些知識性的題目則可使用選擇題或填充題；每一種題型都有其特殊的用途。第四是正式撰寫題目。第五是排版與校對。第六是施測。最後是測驗結果的分析。

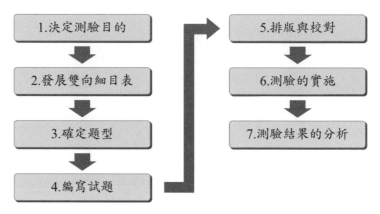

圖 9-1：考卷編製的歷程

在試題的編寫上，首先是選擇適合評量某種學習成果的題型。如果教師想要了解的是學生的分析、綜合能力，則申論題就不是適合的題型。接著是教學目標的確定，依照教學目標的不同，題目的難度也會有所不同。試題的題意要明確清晰，這是很不容易做到的部分，常常需要審題人員再三檢視。題目需避免無關的干擾訊息，當題幹太長、訊息太多，但卻不是解題所必須的訊息，就可能造成閱讀上的干擾。過去國中基本能力測驗對這方面有嚴格的規定，出題範圍不可橫跨其他領域，然而這是很難做到的事情，因為很多方面的評量都會動用到學生的閱讀能力。近年來對於知識整合的重視，反而會希望老師多撰寫跨領域的題目。最後，命題的數量應比實際題數多一些，如此在最後的應用上可作汰換。編好的試題應請其他審題人員再度檢視。題目應該依據題型來做編排，大部分會將較容易作答的題目放在前面，像是選擇題，再依序是配合題、填充題、簡答題和問答題。有些學校為了節省紙張，會將試卷字體編排得很擠或很小，對學生視力易有不良影響。

要注意的是，不同的人格在不同的題型上有其優勢，例如：場地獨立的人較適合做選擇題，場地依賴的人相對不適合。**場地獨立**（field independence）是指當個體面對一個新情境時，可以馬上抽絲剝繭，並做出各種的判斷，其性格特色是果決、負責；場地依賴型的人格，較重視環境中每個人的感受，也較能由不同角度思考，但這樣也可能因為考慮的層面太多，而感到混淆。以下是一個小二學生 Seth 的例子：

選擇題：哪一個東西比較堅硬（Which is harder）？
（a）羽毛　（b）人行道　（c）床頭板　（d）以上皆是

Seth 的推理是：羽毛要丟起來很困難、人行道走起來很硬、床頭板撞上去也很痛，所以他選以上皆是。（引自呂翠華譯，2008：339）

要知道選擇題型的特色為「非是即非」,無法測出個體思考的脈絡,然而現實環境中很多情境是模糊的,此為其局限性。但因為計分方便,因此盛行不衰。

　　至於測驗的施測上有幾件事情要注意:不要無預警地臨時施測,這樣不僅會增加學生的考試焦慮,測驗的結果很可能無法反映學生真實的能力,也增加了測驗結果的誤差;施測時需告知學生總施測時間;答案應該要寫在考卷上,還是另外有答案卡?是否可以用鉛筆作答?台灣的國中基本能力測驗,作文部分是要先作掃描再評分,所以一再要求學生應使用 0.4 mm 以上的黑色或藍色筆作答,避免因掃描圖檔模糊而影響評分。教師也需了解學生的程度並不是齊一的,因此測驗結果也會有所差異;並根據測驗結果,調整後續教學與課後作業的內容與份量。

考卷題型

　　考卷題型可以分為兩大類型:挑選反應試題(selected-response items)與建構反應試題(constructed-response items)。前者大多採用辨認(recognition)的方式,適用於測量學生的知識與理解,像是選擇題(multiple-choice items)、是非題(true-false items)、配合題(matching items)、解釋型試題(interpretive exercise items)或題組型試題(test-let items),都會提供一些線索給學生辨認。值得注意的是,填充題(completion items)亦被歸類為挑選反應試題,原因在於填充題雖是由學生將答案填寫出來,但其歷程甚少使用到高層次的分析或評鑑能力。建構反應試題則大多採取回憶(recall)的方式,需要產生內在線索,故適用於測量學生的高階認知能力,通常在難度上也較高。挑選反應試題的題數,通常要比建構反應試題的題數多,而在每題的配分較少,較容易作答,在

取樣上也較具代表性；雖然在試題的準備上較費時費力，但後續評分結果較趨於客觀。儘管如此，評分結果仍會受到學生閱讀理解力與猜測因素的影響。相對來看，建構反應試題的準備上較為容易，不過後續評分不僅較難，且可能趨於主觀，評分結果易受到學生寫作能力的影響。挑選反應試題與建構反應試題的範例，可參考表 9-2。

表 9-2：挑選反應試題與建構反應試題範例

挑選反應試題範例	建構反應試題範例
<u>選擇題</u> 自然科 在生態系物質循環中，下列何種元素不是構成人體內的核酸構造？ （A）碳　（B）氮　（C）磷 （D）硫　（E）氧	<u>簡答題</u> 數學科 座標平面上，一圓與直線 $x-y=1$ 以及直線 $x-y=5$ 所截的弦長皆為 14。則此圓的面積為 _____ π。
<u>解釋型試題</u> 社會科 照片 1 是某人站在樹林裡的小徑，由南向北拍攝的某地地表景觀。從照片中可判斷該地正在發生何種變化？ （A）斷層作用由南向北不斷延伸 （B）背斜構造由東向西逐漸隆起 （C）堆積作用由北向南陸續增強 （D）坡地地層由西向東緩慢滑動	<u>限制反應題</u> 英文科 請將以下中文句子譯成正確、通順、達意的英文： 都會地區的高房價對社會產生了嚴重的影響。 <u>申論題</u> 國文科 曾永義《人間愉快》說：「為了『人間愉快』，就要『人間處處開心眼』，就要具備擔荷、化解、包容、觀賞等四種能力，達成『蓮花步步生』的境界。」……請根據親身感受或所見所聞，以「人間愉快」為題，寫一篇完整的文章，記敘、抒情、議論皆可，文長不限。

資料來源：大學入學考試中心（2013）。

一 選擇題

最為大家所熟知的選擇題，其實是要分成兩部分，一個是**題幹**（stem），一個是**選項**（alternative），以下分別說明。

1. 題幹是要能呈現問題的情境，寫法可分為兩種：完全問句與不完全問句。完全問句是指閱讀題幹後就能夠完全了解題目的意思，不用把選項全部讀完就知道在問什麼；相對的就是不完全問句。以下是不完全問句的一個例子：

> 細胞內的（A）脂肪（B）蛋白質（C）醣類，分解時會產生含氮廢物？

由於學生必須要搭配其他選項，把題幹唸個幾次才能找出正確答案，因此建議試題少出不完全問句。

2. 選項有正確（最佳）答案跟誘答兩種。有的時候沒有正確答案，只能選一個較佳的答案。譬如說：下列何者是比較適合用來測量教室長度的單位？在公尺與公分兩個選項中，兩者同樣都為長度單位，但在測量教室長度上，以公尺為單位會比以公分為單位來得適當，因此這個時候公尺就是比公分來得較佳的答案。至於誘答則是選擇題最精彩的部分，選擇題出得好的，就是要有誘答效果。誘答跟正確答案很像，不容易被學生在第一時間刪去，似是而非，故能夠呈現出學生的錯誤理解，這樣才是有效的誘答。以下舉例說明：

> 小明原有 30 元，買了鉛筆花掉 10 元，後來大哥又給了她 7 元，小明現在有多少錢？（A）27　（B）17　（C）13。這些誘答就是利用題幹裡的數字組合而成。

選擇題是中小學老師們最常使用的考試題型，因為它有以下六項優點：

1. 若命題得宜的話，選擇題不僅可以評量低層次的認知能力，也可以評量高層次的認知能力，像是應用、分析等，例如國中基測的題目很多都需要學生去思考，並不好亂猜。

2. 選擇題適合各種不同的學科來出題。

3. 選擇題的評量範圍比較能涵蓋上課所學的教材。因為一個題目可以有五個選項之多，甚至可以是多選題，所以裡面的資訊可以很多、很複雜。

4. 具有教學診斷的功能。在誘答選項中，教師可以放入同學常常犯錯的一些觀念、迷思，就可以知道學生的問題所在，因此具有診斷功能。

5. 計分快速。這也是選擇題最具優勢的地方。由於它的經濟與方便性，使得大規模施測（large-scale testing）得以遂行。

6. 計分客觀。但是也要再次提醒，雖然選擇題的計分很客觀，但是考試還是難以公平。坦白說，沒有任何一份考卷的設計是公平的，因為考卷設計的難度會影響到答題，針對不同能力者的作答誤差本就有所不同。而且考卷大部分是設計給中等程度考生使用的，這對程度比較好或是程度比較差的學生並不公平。因為不能真正配合測出學生的狀況，所以只能說選擇題是客觀的。

然而，選擇題也有一些缺點：

1. 容易流於評量低層次認知能力。如此就違反了 Dewey 所說的教育的本質，而訓練出一堆罐頭學生、思考被箝制的學生。而這項缺點可說是非常嚴重。

2. 設計良好的選擇題相當費時。選擇題中的每一個選項都要費心撰寫，才有誘答效果。

3. 無法避免猜題，也無法看到學生解題的過程為何。最常使用避免猜題的方式就是增加選項或是用倒扣來計分，徒增教師困擾。

在了解選擇題的優缺點之後，以下說明選擇題的編寫原則。

（一）在題目的內容上

每道題目都須思考要測的是哪一個教學目標，故利用雙向細目表非常

重要，可檢核哪一個部分內容出太多了、哪一個部分出太少了或者忘了出。試題的主要概念應出現在題幹而非出現在選項。像是「下列敘述何者為非」就是沒有將主要概念放在題幹，這種情況會造成學生在答題時不知道要提取大腦裡面的何種知識。所以一定要有適合的題幹，而且盡量使用完全句。再者是須評量重要的學習內容，而非瑣碎細微的內容。因此在出題的時候，可以先就每一單元中最重要的部分先出題，然後再依序出次重要的、第三重要的，以此類推。若想評量高層次的思考能力，建議撰寫學生陌生的題材，讓學生必須利用老師上課的方法或知識來解題。

（二）在題目的格式上

盡量讓選項可直立編排，也要依邏輯或數字大小來排列，以利學生閱讀與比較。題目的字數避免過多，否則會導致學生題意理解上的困難，也容易引發考試焦慮。並且要盡量避免採用「下列何者為非」的否定字詞。雖然此類選項比較好撰寫，但因為違背學生的認知習慣，還是盡量採用正向的敘述。必要時用畫底線或粗體字來強調否定字眼，以提醒學生。

三 配合題

配合題可說是選擇題的變形，可以分成左右兩個部分，左邊呈現的是像題幹那樣條列出來的**前提項目**（premises），右邊呈現的是條列式的選項，即**反應項目**（responses）。作答者再將各前提與反應加以配對（歐滄和，2002：104-109）。前提項目以 5 到 8 個最適當，太多會占據版面，太少則失去配對的目的。配合題編寫最重要的原則，就是前提項目要有同質性、類似性，不要放入無關的內容充數；反應項目也是一樣，且放置於右邊的反應項目（以英文字母標號），要比左邊的前提項目（以數字標號）多一個以上。另外，反應項目也應該符合邏輯或數字順序大小排列，要盡量精簡以利學生選擇。出配合題要特別注意，每一個前提項目是否都只有一個正確答案（反應項目），這點需要在考題上說明。

配合題的優點除了和選擇題一樣有計分快速、計分客觀的優點外，最重要的是可以有效地評量學生是否理解概念之間的關聯性，尤其是人物、事件、時間、地點的配對。最大的缺點則是出題者常難以找到一些有關聯的概念可以放在一起考，而且沒有辦法評量到分析、應用的高階能力，主要是以評量學生的事實性知識為主。

三 建構反應試題

建構反應試題一般簡稱為論文題或申論題，又分為以下兩種：限制反應（restricted-response）的簡答與擴散反應（extended-response）的申論。論文題的優點就是選擇題的缺點，兩者是對應的，所以一張考卷以同時兼具論文題和選擇題為佳。簡答題比較像是填充題，計分容易；申論題所欲評量的能力則強調進行資料跟知識上的統整、轉化、建構、創新等高階能力，也能讓學生有更自由的表達方式，而且命題時間較短，不用像選擇題那樣需要設計誘答。然而論文題有兩個重大缺點，一是受限於作答時間，題數較少以致無法評量到所有內容；二是計分費時與公平（一致）性問題。解決之道就是對論文題的計分原則應著重在所欲評量的能力上，非所欲評量的能力或相關資訊，例如筆跡、是否列點陳述等應不影響計分；也應避免知道其他題目的得分，不然易有**月暈效應**（halo effect）。對於評分標準應清楚列點，並事先告知學生（如基測作文的評分規準）。老師在改卷時應每次只改一題，全部評閱後再改另一題，這樣評分才有統一性。還記得《儒林外史》裡范進 54 歲時還在考秀才的故事嗎？湊巧因為別的童生交卷慢，考官周學道才有時間把他的文章看了三遍，第一遍覺得寫得奇差無比，之後細細咀嚼，才覺得「這樣文字，連我看一兩遍也不能解，直到三遍之後，才曉得是天地間之至文，真乃一字一珠！可見世上糊塗試官，不知屈煞了多少英才！」可見評量之不易。

結語

　　本章介紹了四種評量類型，其中的診斷性評量是補救教學的核心，老師必須熟悉學習扶助科技化評量系統之操作。此外，新型態的題型是以題組方式來組題，主要先有一段情境的敘述，然後根據這樣的情境可能搭配有配合題、選擇題或申論題等，不用拘泥於只能出選擇題。不同的出題形式搭配對出題者較有彈性，也可更適切評估考者的各層能力。這樣的出題型態值得關注。另外，學生自己出題或開書考（open-book）也越來越受到重視，學生必須從許多複雜的書面資料中蒐集訊息並提出自己的見解，答案可能很多元，也可以小組合作，老師可以看出其學習的深度，更是有挑戰性（王前龍等譯，2006）。

　　傳統的教育以目標績效為主，可謂是「教育如生產」；現代的教育以學生探究為主，可謂是「教育如創造」。簡單來說，就是讓學生有選擇題外的選擇吧！以新加坡為例，學生在 PISA 的成績世界第一，但近年來的教改方向在「教出更好的人」。從政府取消了中學排名制度、考試題目更具開放性並重視學生的社會發展可見一斑。教師應藉由測驗的各種題型來協助學生思考與解題，打破傳統測驗的使用。傳統測驗都會有考試時間的規定，但對補救教學的學生而言，適度放寬作答時間，或是給予報讀題目以增進其題意理解都是可行的調整措施，盡量以降低其考試焦慮為優先。教師要能表揚學生努力的過程，而不是強調答對。在吳明隆（2011）的書中提到教師的一句話可以如何傷人：「連這麼簡單的題目都不會」、「成績這麼爛，看你將來會有什麼前途」、「不想上課就出去」等等。希望老師們秉持著教師專業、恪遵專業倫理，成為引導學生的明燈。最後，謹以教育部（2019b）《高級中等學校學生學習評量辦法》第 2 條評量的目的作結：「學生學習評量，應以了解學生學習情形，激發學生多元潛能，培養學生核心素養，促進學生適性發展為目的，並作為教師教學及輔導之依據。」

一、如果考試的時候，每一個章節由教師出兩題，由學生自行選取題目作答，你覺得這樣的方法合不合適？若是改由每個學生出一題，由老師整理後再做成試卷，這樣的方法又如何？

二、某中學的某次段考，出題老師出了一份一百題選擇題的月考考卷，要於五十分鐘的考試時間內作答完畢。對這樣的情況你有什麼看法？

三、已於傳統考試中挫敗的學生，我們還可以有哪些創意的做法來降低他們的沮喪？（例如給一個樣本試卷、延長作答時間、善用難度或題數不同難度的 AB 卷、口說解釋題意、計算正確的題數打大勾勾而不是畫叉、酌予部分給分、更正即可給分……）

四、問題導引的學習（problem-based learning, PBL）認為給學生最大的挑戰常變成學生最大的學習經驗。你的看法呢？

參考文獻

中文部分：

大學入學考試中心（2013）。102 學年度學科能力測驗各科試題及選擇（填）題答案與非選擇題評分標準。2013 年 8 月 15 日，取自 http://www.ceec.edu.tw/AbilityExam/AbilityExamPaper/102SAT_Paper/102SAT_PaperIndex.htm

王前龍等（譯）（2006）。G. D. Borich & M. L. Tombari 著。中小學課堂的教學評量（Educational assessment for the elementary and middle school classroom）。台北市：心理。

王振世、何秀珠、曾文志、彭文松（譯）（2009）。R. L. Linn & M. D. Miller 著。教育測驗與評量（Measurement and assessment in teaching）。台北市：雙葉書廊。

吳明隆（2011）。**教學倫理：如何成為一位成功教師**。台北市：五南。

呂翠華（譯）（2008）。S. Winebrenner 著。**普通班教師的教學魔法書：改造學習困難的孩子**（Teaching kids with learning difficulties in the regular classroom: Way to challenge & motivate struggling students to achieve proficiency with required standards）。台北市：心理。

侯文詠（1993）。**頑皮故事集**。台北市：健行文化。

教育部（2019a）。**國民小學及國民中學學生成績評量準則**。台北市：作者。

教育部（2019b）。**高級中等學校學生學習評量辦法**。台北市：作者。

歐滄和（2002）。**教育測驗與評量**。台北市：心理。

英文部分：

OECD (2007). *PISA 2006*, Vol. 2: Data. OECD.

第 10 章

多元評量

陸偉明

我不怕孩子輸在起跑點,但怕他們消失在終點。

——許芳宜(**2018**)

人是一個初生的孩子;他的力量就是生長的力量。

——泰戈爾《飛鳥集》

本章提要

多元評量是傳統評量死背死記的反動,希望能更貼切學生的生活經驗並能解決真實的問題,因此更適合補救教學使用。本章介紹實作評量與檔案評量兩種評量類型。

前言

　　另類評量（alternative assessment）的興起，是這二三十年來教育改革中極重要的世界潮流。過去所謂的客觀測驗存有以下缺失：追求標準答案（電腦化閱卷）、窄化課程只專注於瑣碎的知識難以統整、忽略中低成就學生（陳新豐，2015：315-318）。若學生是高成就的學習者，坦白說老師要出考題容易多了，只要調整試題的難度及內容的深度即可。但標準化測驗對學習困難的學生特別不公平，而他們在有限的時間內還要表現出最佳狀態！若學生已從傳統的考試中挫敗、被打擊得抬不起頭來、自認是失敗者時，傳統的成績報告或成績單只會增添他們的焦慮、打擊他們的自信，因此我們要更花心思來讓他們覺得「我做得到」！要能展現出學生進步的訊息[1]，而不是只考慮比較。另類評量的興起，為我們提供了另一種評量形式，也可說是教育改革的實踐。在另類評量中，評分有鼓勵的作用而不是用來和別人比較（想想常態曲線落點與平均數），主要目標是在強化學生的強項，並提供不一樣的自主學習經驗，更可改變老師的課程設計與教學。

　　在教育部（2019a）之《國民小學及國民中學學生成績評量準則》第3條訂定了評量的內涵：包括核心素養、學習重點、學生努力程度、進步情形，並應兼顧認知、情意、技能及參與實踐等層面，且重視學習歷程及結果之分析。在《高級中等學校學生學習評量辦法》（教育部，2019b）第4條亦明定多元評量得採筆試、作業、口試、表演、實作、實驗、見習、參觀、報告、資料蒐集整理、鑑賞、晤談、實踐、自我評量、同儕互評或檔案評量等方式辦理。以下再分別說明。

1　美國的學校裡會頒發蟲蟲榮譽榜（BUG roll）。BUG 是把成績帶上來（Bring Up Grades）的縮寫。

有意義的評量

　　當教師在設計教學活動時，其實也就是要對學習評量進行選擇了；這兩者必須呼應。不論這個評量是正式的測驗或只是非正式的口頭答問，都必須能讓學生覺得這是一個有意義的活動，有意願去參與。Taylor 與 Nolen（2008: 83-86）提出五個「有意義的」指標：

1. 可挑戰的：適度的難度對學生是有益的；太難或太簡單都欠缺挑戰度。

2. 有趣的：有趣的活動或評量不僅可增加學生的學習動機，結果表現也會更好。

3. 可自我決定的：研究顯示，自主性和內在動機有關。

4. 可選擇的：學生的作業或專題有越多的選擇性、不同的目標及做法，學生反而更有責任。尤其是當學生更有選擇權時，越能控制自身的學習，也越有動機（劉小菁譯，2005：34）。

5. 可自評的：只要賦予適合的標準或教導評分方式，學生非常樂意動手自評或相互觀摩給意見。

　　傳統的紙筆測驗只能測量學生「知道什麼」，卻無法測量學生「能做什麼」，上學成了沒有意義的死背與反覆練習（快速解題），學習就沒有什麼意思了。故素養導向的學習評量，不僅重視學生的知識與技能，而且更重視態度的養成，也更強調學生能整合並應用所學。尤其是十二年國教中 19 項深具多元觀點與價值立場的社會議題[2]需要融入到各領域／科目

2　共有性別平等、人權、環境、海洋、品德、法治、能源、安全、防災、家庭教育、多元文化、閱讀素養、戶外教育、國際教育、原住民教育、生命、科技、資訊、生涯規劃等 19 項議題。最後四項已單獨設科。

中，在教學上須善用體驗與實作，供學生發抒的學習單也是很好的選擇。前面所提的強化學生學習自主的調整，都能充分展現在實作評量與檔案評量中，以下將依序介紹。

貳 實作評量

實作（performance）評量是教師針對學生在執行特定工作項目時所展現出的技能或產品進行觀察或評判（涂金堂，2009：209）。在日常生活中的考駕照、游泳救生教練的執照，或是在學校裡的自然實驗課等等，都是一種實作測驗，也是真實的（authentic）評量，知識與技能兼備。李玉馨（2013：171-184）以「陸上行舟」來譬喻學生所習得的知識無法應用在社會情境的危險。這個譬喻來自 Dewey 在說明道德行為或道德觀念為何難以在專門時段直接教導，因為直接教導的是道德資訊，並不會促成學生去實踐的動機，道德還是要在實際生活情境中去養成。

教師應盡量在課堂中提供擬真的情境，讓孩子能從實際操作中應用所學，有挑戰性也會讓孩子記憶深刻。比如說在語文課做手工書、編輯報紙與班刊、向外籍人士介紹本校、籌劃運動會與園遊會、部落格寫作、辯論或演講比賽、行動劇，但這些都需要給學生多一些時間來準備，或需要多一些材料上的花費。有時利用遊戲來競賽也會比客觀的紙筆測驗來得效果更好，這就是正向的**後果效度**（consequential validity）。後果效度有別於專注在測驗的內容效度、效標關聯效度等，而是探討能否達到預期的成果。也因為學生在實作中花了許多精神去準備，又能充分活用到許多資源與高層次的認知，再加上互助合作與溝通協調，不論在應用性或遷移性上都有極高的價值，因此被視為是相當有意義的學習活動。

實作評量依作業的結構性，分有**限制反應**（restricted-response）與**擴**

展反應（extended-response）兩種作業，前者提供較為清楚的解題訊息，如：拼讀出一篇英詩、進行一個澱粉測試實驗等等；後者為創作或進行一個方案。教師必須選擇哪些可觀察到的行為是有意義的產出、希望學生能有所表現；又要考慮需要投入多少精神與花費、學生又有多少選擇權。最後，這些表現要給誰看？同學、老師、家長或社會大眾？Reynolds、Livingston 與 Willson（2009）列出 11 項**表現任務**（performance task）的設計準則：

1. 能和教學目標最有直接關聯。
2. 能極大化評量的效益。
3. 能反應出最核心的技能。
4. 能環繞著較多的教學目標。
5. 能聚焦於產出以及過程。
6. 能提供最大的真實性。
7. 所評量的技巧是可以教授的。
8. 能對所有學生公平。
9. 能有合宜的時間和取用資源。
10. 能有好的信度。
11. 所選擇的任務無法被傳統測驗所評量。

　　和標準化測驗不同的是，實作評量所探討的通常是**弱結構**（ill-structured）的問題，問題情境雖然真實但無直接的解決方式、解題路徑不清，當然也會面臨到評分是否客觀的質疑。因此事先釐清哪些是學生要被評估的表現並訂定**評分規準**（scoring rubric）相當重要。規準包含有三部分：效標或標準（即評分向度）、定義描述、計分方式（等第或分數）。評分規準又可分為以下兩大類：

一 整體型對分析型

整體型（holistic scoring）著重作品或表現的整體性，分為 3 到 5 級，評分較為簡便。分析型（analytic scoring）則列出各評分細項。比如說國中教育會考作文的六級分，就（1）立意取材，（2）結構組織，（3）遣詞造句，（4）錯別字、格式與標點符號這四項，給予 0 到 6 等級（參看表 10-1）。學生在學習時，也可根據這四項來了解自己寫作的優缺點。另外還有一種領域評分法，可說是整體與分析的折衷（郭生玉，2004：381），如以讀書報告為例，可分為主題的選取、內容的充實度、正確度三大領域，每領域給予 3 等級（待修正、普通、優良）。表 10-2 是筆者所設計的閱讀報告的評分標準，共有 5 種分數，且三個領域（題旨、引申、結構）有不同的權重。表 10-3 則是筆者所設計的教學教案的評分規準，也是折衷式評分。

表 10-1：會考作文之評分標準與描述

級分	評分規準	
六級分	六級分的文章是優秀的，這種文章明顯具有下列特徵：	
	立意取材	能依據題目及主旨選取適切材料，並能進一步闡述說明，以凸顯文章的主旨。
	結構組織	文章結構完整，脈絡分明，內容前後連貫。
	遣詞造句	能精確使用語詞，並有效運用各種句型使文句流暢。
	錯別字、格式與標點符號	幾乎沒有錯別字及格式、標點符號運用上的錯誤。
五級分	五級分的文章在一般水準之上，這種文章明顯具有下列特徵：	
	立意取材	能依據題目及主旨選取適當材料，並能闡述說明主旨。
	結構組織	文章結構完整，但偶有轉折不流暢之處。
	遣詞造句	能正確使用語詞，並運用各種句型使文句通順。
	錯別字、格式與標點符號	少有錯別字及格式、標點符號運用上的錯誤，但並不影響文意的表達。

（續下頁）

級分	評分規準	
四級分	四級分的文章已達一般水準，這種文章明顯具有下列特徵：	
	立意取材	能依據題目及主旨選取材料，尚能闡述說明主旨。
	結構組織	文章結構大致完整，但偶有不連貫、轉折不清之處。
	遣詞造句	能正確使用語詞，文意表達尚稱清楚，但有時會出現冗詞贅句；句型較無變化。
	錯別字、格式與標點符號	有一些錯別字及格式、標點符號運用上的錯誤，但不至於造成理解上太大的困難。
三級分	三級分的文章在表達上是不充分的，這種文章明顯具有下列特徵：	
	立意取材	嘗試依據題目及主旨選取材料，但選取的材料不甚適當或發展不夠充分。
	結構組織	文章結構鬆散；或前後不連貫。
	遣詞造句	用字遣詞不太恰當，或出現錯誤；或冗詞贅句過多。
	錯別字、格式與標點符號	有一些錯別字及格式、標點符號運用上的錯誤，以致造成理解上的困難。
二級分	二級分的文章在表達上呈現嚴重的問題，這種文章明顯具有下列特徵：	
	立意取材	雖嘗試依據題目及主旨選取材料，但所選取的材料不足，發展有限。
	結構組織	文章結構不完整；或僅有單一段落，但可區分出結構。
	遣詞造句	遣詞造句常有錯誤。
	錯別字、格式與標點符號	不太能掌握格式，不太會使用標點符號，錯別字頗多。
一級分	一級分的文章在表達上呈現極嚴重的問題，這種文章明顯具有下列特徵：	
	立意取材	僅解釋題目或說明；或雖提及文章主題，但材料過於簡略或無法選取相關材料加以發展。
	結構組織	沒有明顯的文章結構；或僅有單一段落，且不能辨認出結構。

（續下頁）

級分		評分規準
一級分	遣詞造句	用字遣詞極不恰當，頗多錯誤；或文句支離破碎，難以理解。
	錯別字、格式與標點符號	不能掌握格式，不會運用標點符號，錯別字極多。
零級分		使用詩歌體、完全離題、只抄寫題目或說明、空白卷。

資料來源：引自 cap.nace.edu.tw/exam_3_1.html

表 10-2：閱讀報告評分標準

原始分數總計	領域					
	題旨發揮及資料掌握（40%）		引申評述及綜合應用（40%）		結構安排及字句運用（20%）	
60 以下	文章抄襲					
60-68	28	題旨沒有發揮，只有堆砌資料。	28	缺乏評述。	8	文章結構錯置，或遣詞造句、用字錯誤多。
69-76	31	題旨些許發揮，資料掌握不足。	31	有些許評述或有個人觀點，但表達不夠充分。	10	文章結構前後鬆散或前後不連貫，用字遣詞欠當。
77-84（一般水準）	34	能掌握主旨，文章推展有限。	34	能闡明中心思想，分析評論。	13	結構大致完整，能正確使用語詞。
85-92	36	能根據主旨加以發揮，補充資料亦詳實貼切。	36	能從中觸發跨領域學習成果，有所思辨與分析。	15	全文流暢，用字精確，幾無錯字。
93 以上	38	能融會貫通資料並予以發揮。	38	言之有物，體悟深刻。	17	段落條理分明、層次井然，文辭修飾得宜。

表 10-3：教案評分規準

領域	分數				
	2	4	6	8	10
結構完整性（含時間分配）					
內容連貫性					
材料正確性					
教學有效性					
評量或學習遷移					
表達與儀態					

二　一般型對任務型

　　一般型類似於成果發表會，任務型則著重於某項特別的學習任務，也會有較細的學習目標。

　　老師或評分者也必須對評分有所訓練；若有多位評分者，就應進行**評分者間信度**（inter-rater reliability）的檢查。在評分時對於評分的場域（如課室）要有所規範，以摒除其他的干擾。Reynolds 等人（2009）提出在評分時所可能犯的偏誤：

1. 月暈（光環）效應：即單純只憑學生某一面向的印象而給分，是一種印象擴散作用。由於教師長期與學生相處，難免對學生有一些看法，故應極力要求只就評分規準來給分，避免以對學生的既定印象影響到這次的評分。

2. 個人偏見：老師自身對學生性別、種族等產生刻板印象，而有先入為主的想法，以致影響了評分的公正性。

3. 寬大、嚴苛或中庸偏誤：老師對所有學生的給分都過於寬鬆、嚴格或居中，這會使分數的分配過於集中。

4. 邏輯錯誤：老師誤將兩種學生特性連在一起以致誤判。比如說認為有高智力分數的學生應該術科成績會比較好，但實際上這兩者可能並沒

有關聯。

5. 順序效應：教師在剛開始評分時會謹守著評分規準仔細評分，但隨著批閱的時間流逝，教師的評分會越來越鬆散而信度降低，造成所謂的**信度衰變**（reliability decay）。

後三者之偏誤是教師較難以察覺的，常是個人的因素，因此更是需要提醒與訓練。實作評量的效度也是老師們所必須確認的（張麗麗，2002）。

老師除了對自己的班級做系統性觀察與軼事記錄外，也可提供**檢核表**（checklist）或**評定量表**（rating scale）給學生自行評估或互評，可有以下這些指標：

1. 成長與改變（change overtime）。
2. 嘗試挑戰、展現創意等（diversity）。
3. 問題解決、分析與推論（problem solving, thinking, reasoning）。
4. 組織與結構（organization, format, structure）。
5. 自我反思與洞見（self-reflection）。

當然也可請學生自行規劃評分準則，還可以頒發最佳表現獎、努力獎、引人入勝獎、跌破眼鏡獎等等，這些都是實作評量可彈性變化之處，也是低成就學生會感到有趣之處，就不會只是「教室裡的客人」了。

檔案評量

檔案（portfolio）評量原稱卷宗評量，是學生在老師的指導下，長時間蒐集自己學習的歷程檔案，可顯示學生在某個學習領域的努力、進步與成就（涂金堂，2010）。這裡面包含有學生的各種作業或作品，內容豐富，可凸顯他們的進步與優勢，也能說明他們學會了哪些與待加強之處，

更有利於和家長溝通與回饋，也是與教學統合的好工具。檔案評量兼具過程與結果兩種資訊，相當具有動態性，且由學生主動蒐集資料，更是具鼓勵性與正向的評量。簡言之，檔案評量就是學生**自評**（self-assessment）的一種方式，學生自我管理自己的學習，因此具有很強的反思性。其實自評才是評量的核心，也就是實踐了**自我調整的學習**（self-regulated learning），這也是教育的終極目的。

自我調整的學習，是屬於**社會認知理論**（social cognitive theory）；學習者在社會（班級）中觀察別人的學習行為，也調整自己的學習。主要有自我觀察、自我判斷與自我反應三段過程（王前龍等譯，2006：25-27），學習者也會接收別人給他的回饋，據以成為自我效能的動力。評量進行得越多元，學習者接收到的訊息也越多，自我調整的動機也越強。學生受到激勵、相信自己有成功的機會，就可能逐步成為會對自己的學習負責的自我調節學習者。

以上談及，在各式各樣的評量型態或工具裡，越是能和學習經驗符合、未來用得著、在真實情境中必須面對的**學習任務**（learning task），學生就會更認真看待。除此之外，更佳的評量不只可以看到學習成果，更可以展現出學生的思考過程與檢討精進，檔案評量就有這樣的效益（王前龍等譯，2006）。《學習的革命》一書中就提到：「學習是與世界的相遇與對話；是與他人的相遇與對話，也是與自己的相遇與對話。」老師可以指導學生在年末或期末製作檔案報告，裡面可包含：（1）蒐集，（2）選擇，（3）自省，（4）規劃這四個面向。老師也可向學生提問（郭生玉，2004：418；Luongo-Orlando, 2003: 112; Paris & Ayres, 1994: 78）：

你放了哪些作品或資料？你為何選擇這些作品？

你覺得最好的部分是什麼？

這個檔案中最難及最容易的地方是什麼？

你學到了什麼？有什麼收穫？

你想要下次更用心的部分是什麼？

別人給過你什麼建議？

你看到自己的進步和成長嗎？請以你的檔案為證向大家說明。

老師也可製作如下的學習單，協助學生反思（Shaklee, Barbour, Ambrose, & Hansford, 1997: 86）：

這個月（或單元）的學習主題我表現最好的是在 _____ 部分

因為 _____

在這主題中我覺得最重要的是 _____

在這個月中我學到 _____

我給我自己的挑戰是 _____

我覺得困惑或有疑難的地方是 _____

為達到自己所設定的目標，這個月來我做了 _____

我感覺 _____

下個月的計畫該如何做 _____

（學生可學習分享自我探索的體會與進步的情形）

我們必須了解到，學習其實包含了個人（認知與情緒）、行動以及情境等多方面因素結合之歷程，所以並沒有適用於所有學生的單一策略。每一個學生也應針對情況來調整不同學科的學習。自我調整學習之學生經歷三種歷程：（1）預慮（fore-thought）：目標設定、策略安排等；（2）表現或意志控制（performance or volitional control）：含自我監控；（3）自我省思（self-reflection）（陳嘉皇等譯，2003：3）。所以檔案評量可以提供機會讓學生看到自己的調整。

為避免學生只做檔案堆積而非評量，涂金堂（2010）建議老師可提供學生一封說明信，除告知檔案應蒐集的內容外，可以請學生檢查：

1. 我的學習檔案是否有適切的組織？

2. 我是否有呈現證據，顯示我已達成學習目標？

3. 每一項學習目標和證據是否有清楚的連結？

我們必須要讓學生體認到，最深刻的學習常是在挫敗之後，也是因為看到自己的弱點，才知道要如何去加強，也才會進步。我們可教導學生利用 Meichenbaum 所提出的**認知行為矯正**（cognitive behavior modification）（李茂興譯，1999）來跟自己對話：「我的問題是什麼？我的計畫是什麼？我如何使用我的計畫？」最終形成自我教導。當我們堅持夠久，學習成效就會慢慢浮現。學生的檔案裡應有他們看待自己接受挑戰的努力，藉此可以培養他們終身學習的態度。

檔案評量的製作有分不同類型，就理論上之不同，可分為以下三種（鄭英耀、蔡佩玲譯，2000）。和前述實作評量一樣，檔案評量的製作可能會花掉一些時間，也有評分不夠客觀的問題。

（一）工作檔案

學習計畫與所有完成或未完成之作品，都能展現學生的成長軌跡，比較是屬於形成性評量，教師藉此可予以指導。有些作品未來也可能移到評量檔案或最佳作品檔案之中。另外，讓學生寫日記，也算是工作檔案的一種方式。

（二）評量檔案

又稱通過（pass）檔案，是教師設計特定學習的成果，學生須依此準備資料，以呈現是否達到預定的水準，也可作為未來安置之用。

（三）最佳作品檔案

又稱展覽（showcase）檔案，學生可以提交最佳作品檔案去申請入學，或者作為應徵的佐證，比較屬於是總結性評量。

郭生玉（2004：413-419）介紹了檔案評量的評分方式。由於檔案評量可說是實作評量的特例，因此其評分方式也是分為整體的、分析的、領域的三種方法。配合教學目標後，評量的標準要包含以下三項：（1）學習活動的最重要成分或向度（如英語的聽說讀寫），（2）設定等級，以及（3）每一等級的表現特點。表 10-4 是以英文寫作為例的檔案評量評分標準。

表 10-4：英文寫作的檔案評量評分標準

向度	等級		
	佳	可	待加強
多樣性	能有記敘、論説、抒情文	只有兩種文體	只有一種文體
內容豐富度	相當豐富並能舉例	鋪陳普通	內容支持度不足
文法與措辭	相當正確	正確	有錯誤
自我評量	有持續改正並注意到進步之處	部分有改正	改正有限

為了配合民國 108 年上路的新課綱，大學招生委員會聯合會（招聯會）研擬要在 110 年起實施的大學入學考試招生制度中，提高學生在校成績與在校表現的「學習歷程檔案」比例，檔案中可放入加深加廣選修等學習歷程，讓考試分數不再是選材的唯一指標。教育部國教署已建置了平台（如圖 10-1），藉以彙整學生在學期間之學業（如：在校成績、課程學習成果）及非學業表現（如：校內外活動、競賽成果、幹部經歷、檢定證照）等資料。從高一開始，學生每學年自主上傳最多 10 件，校級幹部、班級幹部及校內社團幹部則由學校上傳。至於課程學習成果可有實作作品、書面報告等，學生每學期至多上傳 3 件，要有授課老師做認證，還會進行文字抄襲比對。將來這些資料可串聯到要申請的大學端，每學系至多參採課程學習成果 3 件、多元表現紀錄 10 件，由學生自由選擇。不過，

像其他教改措施一樣，此舉的質疑聲浪還是從未斷過。招生、入學方式或標準不改，十二年國教還是會變成山寨版！一旦牽涉到公平與否，試問：「用考試分數來決定學生可否進入某大學某科系就是公平嗎？」在《心態致勝》書中提到美國太空總署挑選太空人才，是要找曾經遭逢重大挫敗但能重新振作的人，而不是挑選只有成功紀錄者（李明譯，2007：44）。希望我們學生的檔案中也能出現這樣的訊息，而不是只知要求豐功偉績。

圖 10-1：教育部國民及學前教育署學生學習歷程服務平台

資料來源：https://eportfolio.ssivs.chc.edu.tw/

結語

　　低成就學生常受困於制式的測驗與評量中，沒有彈性的選擇。有選擇才有自由。但當我們強調學生的主體性、給予老師專業自主，並不等同於學習者就能把握自由。老師需要引導學生享有自由、善用自由（鄭玉卿，2013）。美國現代女性主義學者 bell hooks（1994）出版《教學越界：教育即自由的實踐》（*Teaching to Transgress: Education as the Practice of Freedom*），主張**交融教育學**（engaged pedagogy），師生全心投入參與、共享知識與成長，也讓教室成為充滿活力的場所，進而讓學生透過實踐來改變。這樣的學習社群，不就是十二年國教想要塑造的共學文化嗎？每個學生都需要擁有選擇與發展智慧的機會，故學生若能有專題計畫或展演，又能彰顯多元智能的發展，的確有許多成功的實例被報導出來（梁雲霞譯，2000）。期許「學生即老師，老師即學生」（Students as teachers, teachers as students.）美麗新世界的到來。

　　隨著時代的推進，有效教學的方法也越來越多元。**情境學習**（situated learning）強調讓學生在真實或擬真的情境下學習，是一種建構取向，所衍生出來的評量就會是純自然的、**無縫的評量**（seamless assessment）（李咏吟，1998：221），學習遷移更佳。本章所介紹的多元評量雖沒有傳統測驗簡單、快速、易大量施行且客觀的優點，但卻有其他的優點，更能促進學生學習、更具真實情境，而不是虛假的評量，兼具評量的歷程與結果，因此非常值得老師們使用推廣。如此一來，才能扭轉學生學習只為考試的心態，學習才會更具意義。所以雖然考試考得少，但學生並沒有因此學得少！就像芬蘭經驗有三悖論那樣：「教得越少、學得越多」、「考試越少、學得越多」、「越多元、越平等」（林曉欽譯，2013），這是因為芬蘭教師講授時間雖少，但合作學習找答案的時間很多，就像國際文憑（international baccalaureate, IB）課程一樣有 20/80 原則（老師講述占

20%，學生活動 80%），重點在於參與學習的品質。

多元評量相當符合評量的四大趨勢——個人化、動態的、多元參與的、真實的。評量如教學，可說是評量的最高價值！最終，我們希望不論老師或學生都能有《正向心理學》中所討論的，擁有歡樂的（pleasant）人生、認真的（engaged）人生與有意義的（meaningful）人生（李政賢譯，2011：17）！

問題討論

一、（1）實作評量的評分規準，分為整體式和分析式兩種方式，請說明
　　　　兩者的意義及適用時機。

　　（2）簡述發展評分規準的流程。

　　　　　　　　　　　　　　　（100 年公務人員特種考試身心障礙人員考試－
　　　　　　　　　　　　　　　　　　　　　　　　　　　　教育測驗與統計概要）

二、請比較客觀式評量與多元評量兩者在評量理念、評量方式、信度與
　　效度考量之異同。

　　　　　　　　　　　　　　（101 年公務人員特種考試原住民族考試—教育測驗與統計）

三、隨著教育評量的改革趨勢，建構式反應（constructed-response）題型
　　／實作評量已普遍出現於各種考試，但部分學者、教師、家長、學
　　生質疑此種題型的評分過於主觀，可能造成偏誤，因而對此種形式
　　的試題持保留態度或反對立場。請就你對這類評量的了解，及它在
　　班級評量的應用情形，至少舉出三種措施使此種題型或評量的偏誤
　　最小化。

　　　　　　　　　　　　　（103 年特種考試地方政府公務人員考試—教育測驗與統計）

四、你認為「教少學多」的現象是存在的嗎？在什麼情況下會發生？教育
　　者又要如何看待這個現象？

五、請準備一封信給家長，告知他們這學期會進行檔案評量，請說明你
　　的評量目的以及希望家長協助的事項。

參考文獻

中文部分：

王前龍等（譯）（2006）。G. D. Borich & M. L. Tombari 著。**中小學課堂的
　教學評量**（Educational assessment for the elementary and middle school
　classroom）。台北市：心理。

李玉馨（2013）。陸上學泳。載於林逢祺、洪仁進（主編），**教育哲學：
　隱喻篇**（頁 171-184）。台北市：學富文化。

李咏吟（1998）。**認知教學：理論與策略**。台北市：心理。

李明（譯）（2007）。C. S. Dweck 著。**心態致勝**（Mindset the new psychology
　of success）。台北市：大塊文化。

李政賢（譯）（2011）。S. R. Baumgardner & M. K. Crothers 著。**正向心理學**
　（Positive psychology）。台北市：五南。

李茂興（譯）（1999）。G. Corey 著。**諮商與心理治療的理論與實務**
　（Student manual for theory & practice of counseling and psychotherapy）。
　台北市：揚智。

林曉欽（譯）（2013）。P. Sahlberg 著。**芬蘭教育這樣改**（Finnish lessons:
　What can the world learn from educational change in Finland?）。台北市：
　商周。

涂金堂（2009）。**教育測驗與評量**。台北市：三民。

涂金堂（2010）。是檔案評量或是檔案堆積？談實施檔案評量時教師應注
　意的事項。**研習資訊**，27，23-34。

張麗麗（2002）。從分數的意義談實作評量效度的建立，**教育研究月刊**，
　98，37-51。

教育部（2019a）。**國民小學及國民中學學生成績評量準則**。台北市：作
　者。

教育部（2019b）。**高級中等學校學生學習評量辦法**。台北市：作者。

教育部國民及學前教育署（2018）。**高級中等學校校內學生學習歷程服務平台**。取自 https://eportfolio.ssivs.chc.edu.tw/

梁雲霞（譯）（2000）。L. Campbell & B. Campbell 著。**多元智慧和學生成就**（Multiple intelligences and student achievement: Success stories from six schools）。台北市：遠流。

許芳宜（2018）。**我心我行·Salute**。台北市：時報出版。

郭生玉（2004）。**教育測驗與評量**。台北市：精準。

陳新豐（2015）。**教育測驗與學習評量**。台北市：五南。

陳嘉皇、郭順利、黃俊傑、蔡玉慧、吳雅玲、侯天麗（譯）（2003）。D. H. Schunk & B. J. Zimmerman 著。**自我調整學習：教學理論與實務**（Self-regulated teaching: From teaching to self-reflective practice）。台北市：心理。

劉小菁（譯）（2005）。W. Glasser 著。**每個學生都能成功**（Every student can succeed）。台北市：張老師。

鄭玉卿（2013）。自由。載於林逢祺、洪仁進（主編），**教育哲學：隱喻篇**（頁 159-170）。台北市：學富文化。

鄭英耀、蔡佩玲（譯）（2000）。C. Danielson & L. Abrutyn 著。**檔案教學**（An introduction to using portfolios in the classroom）。台北市：心理。

英文部分：

hooks, b. (1994). *Teaching to transgress: Education as the practice of freedom.* New York, NY: Routledge.

Luongo-Orlando, K. (2003). *Authentic assessment: Designing performance-based tasks.* Ontario, Canada: Pembroke.

Paris, S. G. & Ayres, L. R. (1994). *Becoming reflective students and teachers with portfolios and authentic assessment.* Washington D.C.: APA.

Reynolds, C. R., Livingston, R. B., & Willson, V. (2009). *Measurement and assessment in education* (2nd ed.). Upper Saddle River, NJ: Pearson Education.

Shaklee, B. D., Barbour, N. E., Ambrose, R., & Hansford, S. J. (1997). *Designing and using portfolios*. Needham Heights, MA: Allyn & Bacon.

Taylor, C. S., & Nolen, S. B (2008). *Classroom assessment: supporting teaching and learning in real classrooms*. Upper Saddle River, NJ: Pearson/Merrill/Prentice Hall.

第 11 章

自然科的補救教學

曾明騰

> 我不只是當老師，我要成為孩子生命中的貴人。
> 學生不是難教而是老師必須花時間去讀懂每一個孩子。
>
> ——作者自勉語

本章提要

本章以教授自然科為例，說明引起學生學習動機的諸多方法，也舉例說明
體驗學習、發現學習、分享學習的做法，讓課堂充滿想像力與歡笑。

前言

　　自然科學包羅萬象，是屬於很貼近學生生活的學科。從國中入學開始，自然科學被區分為三個區塊（學科）——生物、理化、地球科學，而有些學生在這一個區塊上的學習經驗並不是太理想，進而需要補救教學來協助。那麼該如何讓這些在相關學科學習上興趣缺缺甚至排斥的孩子們重新愛上自然科學的學習呢？必須打破以教師為中心、或以教科書為中心的傳統做法（熊召弟等譯，1996）。以下從激發學生學習動機與相關學習策略，以及讓課室充滿歡笑兩方面來說明。

激發學生的學習動機

　　我認為，進行補救教學關鍵的第一步就是「引起學生的學習動機」。我們都知道，很多人在自然科學課堂上的學習經驗是不佳的、是無趣的，如此貼近生活層面的科學明明可以教得很活潑、很生動，但實際在教育現場上我們卻發現完全不是那麼一回事。所以先來學習「如何引起學生的學習動機」是很重要且關鍵的，而已經需要進行補救教學的孩子們，當然就要讓他們擁有更強大的學習動力囉！

　　在《更快樂：哈佛最受歡迎的一堂課》（譚家瑜譯，2008：135）一書中就有提到，當學校強調學習成就比培養學習熱忱更重要時（成績看得見，熱忱看不見），等於在強化盲目的競爭心態，更會妨礙學生的情緒發展。所以作為一個老師，不能只是知識的傳遞者，更要是人生智慧和生命歷程經驗的分享者，無論是好的經驗或是不好的經驗，都有可供孩子學習的智慧。成功經驗固然可喜，但失敗經驗也不是一無是處，多和孩子分享

正反兩面——這樣為何會成功？那樣為何會失敗？訓練孩子多方思索，可有助於日後的生活。不管是在課業學習上或人生路途上，我們都會面臨到許多的困難，而當我們跨過去後，這些困難都會變成是人生的禮物。我會在課堂上強調「提出疑問及犯錯是學會的途徑」，也會分享老師失敗的經驗。讓學生鍛鍊更強大的正向能量是很重要的。就像芬蘭有個「失敗日」一樣，鼓勵大家把狀況呈現在社群網站，並且從失敗中學習。不僅獲得很多迴響按讚，大家更是越挫越勇呢！

很多人常無法順利地跨越困難，你們知道為什麼嗎？其實就是「被情緒綁架」！舉例來說，討厭理化的理由可能是過往考試經驗不佳、討厭數字、認為數理科與自己無緣等等，這些情緒引來行動，並提供動機。選擇以情緒來導引結果論證，卻沒有去找出方法來克服，其實是很可惜的。我也認為，唯有具有良好正向的情緒，才會有正向的思考。學生需要有自信（就算無法解決某事也不會是世界末日；每個人都會犯錯，犯錯是學習的一部分，錯誤才是學習的開始）與自尊（有存在的價值）。我會將事件拆解成 5W1H（Where、When、What、Who、Why → How）（曾明騰，2018）來引導同學思考「如何學好理化」？

1. Where 指的是學習場域，學生可以思考在哪裡學習的成效最好。是家裡、學校、圖書館，還是補習班？

2. When 是學習的時間。

3. What 則是學習要件，包含有課本、講義、試卷、課堂筆記、實驗紀錄本等等。

4. Who 是老師或同學的學習幫手。

5. Why 是學習動機，想要讓自己進步也能幫助同學更好。

6. 最後是 How（學習策略），包含有上課認真聽講踴躍發表、實驗時全心全意觀察與操作、課堂筆記務必整理確實、下課時針對剛剛課堂上不明瞭的地方立刻請問同學或老師、每天回家確實完成理化功課並預習上課內容。

當我們透過 5W1H 的方式拆解出「如何學好理化」這件事之後，是不是感覺好像也沒那麼困難？接下來就只剩下確實執行而已。所以當我們遇到困難時，若能少一點負向情緒、多一點方法，也許我們就更容易去跨越那個困難，更棒的是，還會讓你時時充滿正能量！

在呂翠華老師的書中（2008：250），也有提出一個供學生檢核的學習策略表，讓學生*學會如何學*（learn how to learn）：

1. 上課前先預習。
2. 會去注意書中的圖表及標題。
3. 能預測書中重要訊息。
4. 能用自己的風格做筆記。
5. 能概述所學。
6. 需要時會請求協助或找資源。
7. 會回想內容與以前所學有何連結。
8. 能設定學習目標與管理時間。

我時常與學生分享一句話：「**你可以不愛讀書，但你一定要熱愛學習。**」讀書的目的是為了學習，而不是為了背誦知識。世界變動太快，學校所教的可能已經無法應付未來。美國前教育部長 Riley 就曾說過：「我們必須教導**現在**的學生，畢業後投入**目前**還不存在的工作，使用根本還未發明的科技，解決我們從未想過的問題。」（黃子璦，2010）所以「掌握了自我學習的方法與能力」（釣竿）比「學什麼」（魚）來得重要，且具備持續學習的熱情（肚子餓），這對終生學習是相當重要的。在求學階段，老師只是在引導學生如何去發現問題，並且試著去解決這些問題，而不會破壞他們的學習興致。所以我對學生的期望是：

1. **體驗學習**：讓學生體驗學習的樂趣與美好。許多直觀的現象常造成學生有迷思概念，所以我會透過演示或讓學生操作去探究。
2. **發現學習**：透過學習的歷程讓學生**放聲思考**（think out loud），也發現

自己的亮點與同學的優點，進而學會欣賞他人，也肯定自己。

3. **分享學習**：讓學生願意分享，學習會更深入、更確實；且說話與傾聽是未來在職場上的重要技能。也就是說，是社會性的互動產生了認知的改變（熊召弟、王美芬、段曉林、熊同鑫譯，1996），同儕間的相互學習甚至比教師講解還有效。

創造充滿想像與歡笑的課室氛圍

接下來，我將自己多年來在教學第一線創意教學經驗內化淬鍊出的四招傳授給各位夥伴，進而協助孩子們能真正地享受學習的樂趣，方能終身學習。

一 第一招：鷹架理論之情境提問法

「老師，選我、選我、選我！」學生們的吆喝聲此起彼落……

我用我銳利的鷹眼環視四周，希望能在迅雷不及掩耳的瞬間找尋出那 0.0001 秒的差異，坦白說難度真的頗高！「好吧，你們太強大了，連老師的雷射鷹眼都無法掃描到你們舉手快慢的差異，我們用抽籤來決勝負吧！要比大？比小？還是比中間呢？」話還沒說完，「比大」、「比小」、「比中間」呼聲四起，各自擁有自己的擁護者，此時我下了一個決定：「好，我們這一次比大！」各小組的代表成員立馬衝向講桌上的籤筒進行抽籤，期待著回答老師剛剛所提出的問題。你對這個場景有沒有感覺很熟悉啊？是不是很像小燕姐主持的益智節目《百萬小學堂》呢？但上述場景是發生在國中的教室裡！我們正在上課，我正教授生物、理化、地球科學的知識內容給可愛的學生們。這是不是跟你所認知的國中課堂不太一樣呢？學習，不就該是安安靜靜抄著老師寫在黑板上的內容嗎？

當學生興高采烈地回答完問題後，大家給他掌聲，因為他答對了，也幫他的小組團隊拿下寶貴的積分，此時我開始與學生討論：「為何是這個答案？它關鍵的學理論述邏輯是什麼？與生活中哪些情境和狀況相關聯？大家還可以想出有哪些老師沒想到的連結嗎？」（老師不要全部講完，記得要留下一些連結讓學生回答，讓學生願意去思考。）接下來，我開始將剛剛課堂中師生間對知識的提問、討論、邏輯脈絡、學理論述……整理在黑板上，此時你會發現學生炯炯有神的目光與專注整理自己學習筆記的行動，教室裡安靜得彷彿一根針掉到地板上都能被聽見！

是的，這就是我的課堂風景之一。

你發現了哪些教學操作方法嗎？你知道為何學生們願意踴躍回答老師的提問？你知道學生為何能回答出正確答案嗎？現在，我喜歡反過來問：你覺得為何學生不喜歡回答老師的問題呢？你認為學生針對老師的提問而翻閱課本、講義來尋找答案這件事可不可以？我想，你應該發現我的情境提問法中幾個重要的關鍵小眉角了：

1. 學習最重要的是引導孩子去思考而不是**找標準答案**。
2. 答錯並沒那麼可怕，有勇氣舉手表達自己心中的想法與答案才是勇士；對老師來說，學生的錯誤才是教學的開始。
3. 針對孩子具有創意的答案，我更是要智慧地去轉化它，而不是否決它。
4. 課程運作是一種流動，它不該是硬梆梆、死板板。
5. 讓孩子學習如何尋求資源來協助自己或團隊解決問題（如果你願意，老師很歡迎百科全書也能出現在課堂上）。

這就是我在鷹架理論上的延伸落實——情境提問法。澳洲的朗格爾教授在其著作《創意思考是教出來的》（林佑齡譯，2006：80）中提出，有創意的人總是能「領先」（FIRST），因為他們具有想像（Fantasize）、醞釀（Incubate）、冒險（Risk）、敏銳（Sensitive）、激發（Trigger）等特質。我希望學生能夠領先，所以我更願意鼓勵學生去發展這些特質。我會利用兩

種提問的方式來提升我的討論品質，一種是尖峰式，就是對一個學生（或某組）追問到底，越來越深入；另一種是高原式，對不同學生問相同的問題，答案越多越好，以刺激他們的思考。學生參與越多，氣氛越熱烈。

■ 第二招：同儕互助支持的力量

我們常常說國中時期的學生很難教，那麼為什麼會難教呢？答案不外是：

1. 青春期的孩子情緒易波動。
2. 這個階段的孩子易受同儕影響。
3. 青春期的孩子正處於「小大人」心智階段，開始有自己的想法並偶爾固執。
4. 這個階段的孩子在發育期間，還在摸索自我定位與方向。

早從民國 85 年黃政傑與林佩璇所著的《合作學習》一書至今，我們已有很多有關合作學習的研究（黃寶園、林世華，2002），我們在教育現場是不是也能透過同儕力量來正向影響孩子們呢？我開始著手在課室裡幫學生組建自己的「敏捷團隊」。為了讓效益更加快速顯著，我以三人小團隊方式進行。班上如果有 30 個孩子，我會依學習成績分出三個群組——前 10 名、中 10 名、後 10 名[1]，各小隊有一位團隊 Leader，再由團隊 Leader 從群組中挑出他的學習夥伴，我會分層授權，由他來帶領夥伴，學生在 tutoring 互動時可符合 Vygotsky 近側發展區的概念以及認知精緻化（如解釋教材給別人聽）。所以我的小組兼採成就區分法（student's teams achievement division, STAD）及拼圖法（Jigsaw），前者強調個人測驗與進步分數，後者著重在各組成員的相互指導。若團隊溝通或學習氛圍上有困難時，我再以 Coach 的角色介入協助團隊 Leader 來引導團隊成員，和諧

1　三人一組有利座位合併，也可拉開成為三列，方便全班活動。

建立共同的學習願景與行動能量，以及人際溝通的技巧。所以，共會有三種角色——Coach、Leader 與 Member，以及以下四種會議揉合在我的教學場域裡：

1. Coach to Leaders（教練與領導者間的會議）。
2. Coach to Members（教練與小組成員間的會議）。
3. Leader to Members（領導者與小組成員間的會議）。
4. Coach to All（教練與全體學生間的會議）。

　　和傳統同質性學習小組不同，我會採異質化分組並由學生透過當下的挑選排序機制來自己選擇團隊夥伴們。為何要讓學生自己來選擇而不是由老師來幫忙分組呢？在教育現場的老師們對下面這句話肯定不陌生：「老師，那都是你自己幫我們決定的，不是我自己選擇的，所以我不想要照著做……」所以，各位親愛的老師們，有時候我們該放手讓孩子自己來做出決定，為自己的決定負責，並且學習與團隊共處、前進，讓學生培養**當責力**（accountability）與分擔責任、檢討績效。而且學生不再是自己好就好，而是要想辦法讓團隊跟著一起好，這都是需要學習的，無形中也能訓練出擁有領導特質的學生。

▤ 第三招：教師專業放大絕，創意課程無極限

　　教師的專業呈現從來都不該是一本課本或一本講義上一輩子，老師更該是位終身學習者，與外面的世界接軌，將真實世界揉合入自己教授的本質學能上，甚至跨領域的學習與培養全新的教學方法與工具，再因時、因地、因人制宜去創造出最適合自己學生的課室風景。以下我舉心智圖法（圖 11-1）與多媒體教學應用（圖 11-2、11-3）為例來說明，並介紹兩個我在課堂上操作的創意實驗。

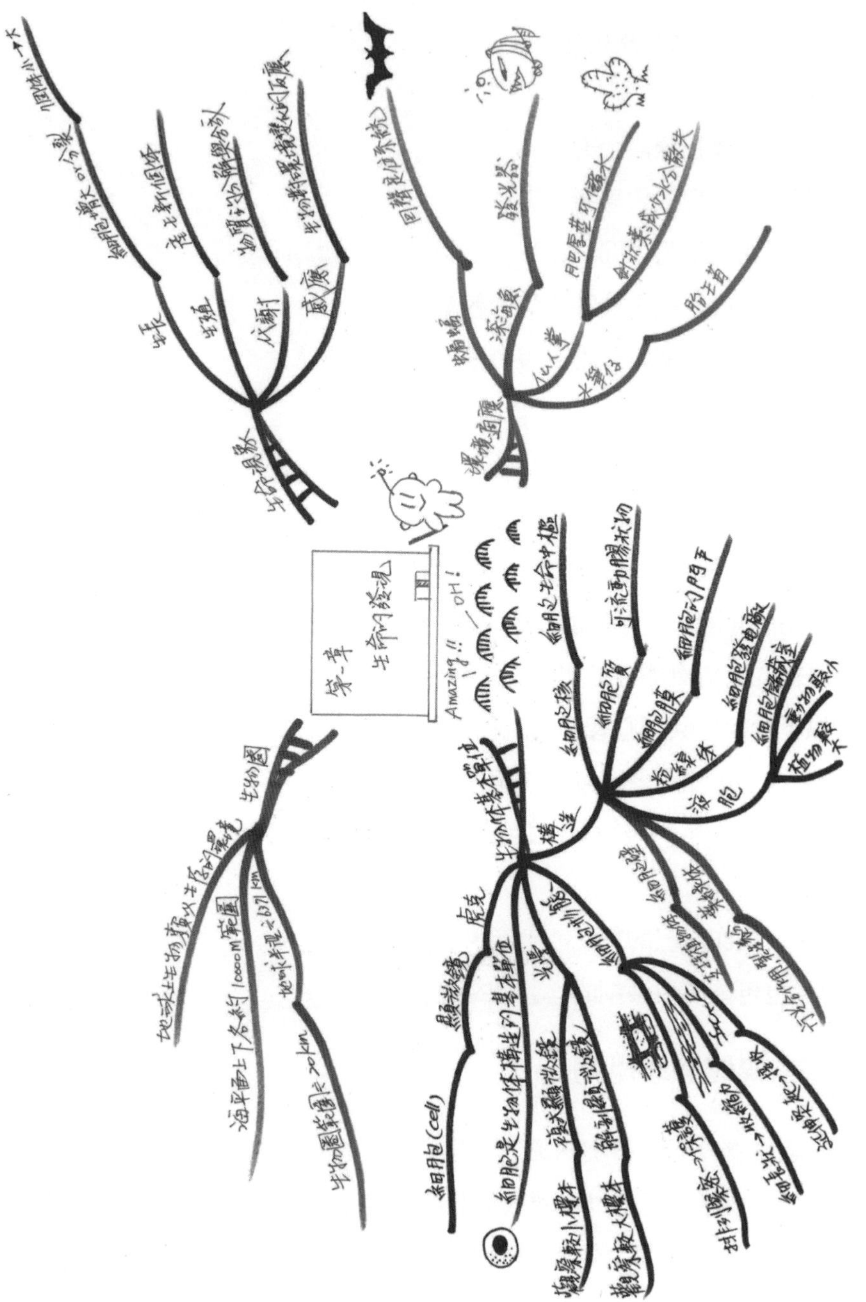

圖 11-1：筆者自繪的「生命的發現」心智圖

（一）心智圖法：組織概念超好用

　　心智圖常見繪製規則如下：

1. 線段為弧線。
2. 文字或圖像在線段上方。
3. 紙張橫放，發散式思考。
4. 中心主題在紙張中間。
5. 主幹的線段較粗，枝幹的線段較細。
6. 心智圖主要是邏輯思維，沒有既定圖像的標準。

　　當學生學會運用心智圖來整理自己的學習筆記時，就可以更全面地去理解這一章節單元所要學習的重點，複習時更容易協助自己去發現還不太熟悉的知識區塊，就像把學習到的知識分門別類地歸納在大腦的抽屜裡，需要使用該知識技能時便能快速地搜尋到並運用之。心智圖可引導學生對知識脈絡的架構更加清晰與全面，不至於陷入見樹不見林的謬誤。

　　以下是師生共創心智圖的流程（單元授課後的複習活動）：

1. 學生找出重點跟老師說，老師把學生的重點畫在黑板上。
2. 老師引導學生去尋找有所疏漏的重點，再引導學生思考該放在哪一支幹。
3. 學生可創作自己的單元心智圖。
4. 學生也可依黑板共創的心智圖來做彈性調整。

（二）多媒體教學應用

　　不論從聯合國教科文組織的〈仁川宣言〉或〈青島宣言〉，都使我們了解到善用資訊技術可以引領教育改革。若能在課堂上融入多媒體教學，即可以有效地提升學生的學習動機與學習成效。自然科學是生活中的科學，為了讓學生充分體現到這一個概念，我會試著將電影情節片段、生活

圖像引導、九宮格色塊學習法、機智問答模組、手機 QR code 密室逃脫關卡……納入我的多媒體教學範疇中。透過電影情節的片段可強化知識上的生活連結，讓學生去思考與想像知識混搭的無遠弗屆，更能引導學生去延伸學習；比如說劇情鋪陳後再輔以理化單元的計算題型，可以創造出許多讓學生特有感的學習氛圍，讓我們在理化的學習上更有趣、有效。學生們超愛這樣的多媒體複習課程，一樣透過分組闖關拿積分的方式，讓學生們充分討論、理解、呈現、反饋。誰說理化很無聊？明明就是好玩到爆炸啊！

圖 11-2：用九宮格色塊引導學習，每點選一個色塊就會有相對應的
教學活動影片

影片中李小龍在球門前浴血擋下最後一球令人動容，當時魔鬼隊主將以時速高達 1,800 公里踢向球門，試問：

（1）球速換算＝_____ m/s

（2）李小龍約花_____秒鐘擋下這一球

（3）李小龍使出洪荒之力硬是擋下這一球，此洪荒之力約為_____
牛頓（足球質量約為 500 公克）

圖 11-3：以少林足球電影劇情鋪陳後的理化題型計算

（三）創意實驗

在理化課本內容的實驗學習，有些地方如果我們多加一點創意小巧思的話，學生們肯定會超愛的，尤其是補救教學的孩子們。這裡我舉兩個我在課堂上操作的創意實驗來與大家分享，期許大家也能發揮巧思，設計出更多讓孩子們愛上理化的有趣課程喔！

1. 在國中理化「元素的活性」單元中，利用燃燒法來觀察三種金屬元素（鎂、鋅、銅）和三種非金屬元素（碳、硫、磷）燃燒時的火焰顏色，透過火焰顏色的差異來界定元素的種類。該實驗經過巧思設計後變身為「尋寶遊戲」，設計流程如下：

Step1. 將 6 種元素磨成粉末分別裝入小瓶中再埋在學校 6 個角落。
Step2. 繪製 6 張不同的藏寶圖與各元素燃燒時火焰顏色的小圖卡。
Step3. 讓學生憑藉各組藏寶圖去校園尋寶，拿到元素瓶立刻回到實驗室。
Step4. 每組成員利用棉花棒沾取元素粉末在酒精燈上燃燒並觀察火焰顏色。
Step5. 對照小圖卡的資訊找出元素瓶內粉末的名稱。
Step6. 各組上台報告完整實驗流程與發現。

透過孩子們閱讀尋寶圖後，再實際定向索引找到實驗素材，回實驗室進行新的實驗步驟操作後，再上台表達完整的實驗流程與實驗結果。一個再簡單不過的理化實驗瞬間變身為讓孩子們 high 翻的探險行動。

2. 在國中理化「有機化合物」單元中，利用燃燒法來觀察動物纖維、植物纖維和合成纖維，透過燃燒後產生的氣味與材質狀態的差異來界定

衣料纖維的種類。該實驗經過巧思設計後變身為「解謎遊戲」，設計流程如下：

```
A ●-        J ●---       S ●●●
B -●●●       K -●-        T -
C -●-●       L ●-●●       U ●●-
D -●●        M --         V ●●●-
E ●          N -●         W ●--
F ●●-●       O ---        X -●●-
G --●        P ●--●       Y -●--
H ●●●●       Q --●-       Z --●●
I ●●         R ●-●
```

Step1. 將 6 種衣料纖維的英文名稱製作成摩斯密碼卡。

Step2. 放置在實驗室的 6 個角落，各組學生找到密碼卡後開始解謎。

Step3. 解出謎題後再到講桌上尋找密碼卡載明的衣料纖維。

Step4. 將衣料纖維燃燒後，觀察燃燒後狀態並聞取氣味。

Step5. 各組上台報告完整實驗流程與發現。

　　透過孩子們閱讀摩斯密碼卡後，再對照摩斯密碼表找出該衣料纖維的英文字，利用實驗室內的英漢字典來查詢該英文字相對應的中文釋義，進行燃燒實驗後觀察該衣料纖維的狀態與氣味，再上台表達其完整的實驗流程與實驗結果。一個再簡單不過的理化實驗瞬間變身為讓孩子們燒腦的解謎活動。

（四）生活化的跨科連結與跨領域學習的科學實驗

　　以下是一個生活科普實驗課程，這是一堂我可以從早上教到太陽下山的一堂科普工作坊，各小組實驗材料有：鍋碗、湯匙、肉片、青菜、菇類和調味料等。學生第一句話就很興奮地問說：「老師，您確定這是在做實驗嗎？」希望這樣的實驗方式也能激起你對知識與生活的創意連結，還有對生活中充滿探索的好奇心與行動力。我對學生的教學與提問至少包含以下八點：

1. 從食材備料中，引導學生進行生物五大界與六大營養素的分類。
2. 從蔬果外觀中強化學生認知單子葉植物與雙子葉植物的特徵分類。
3. 從植物行光合作用製造養分來探索太陽系八大行星。
4. 協助學生認知太陽系類地行星與類木行星內相關位置和差異，並導入登月計畫與火星探測計畫。
5. 引導認知食物吃進肚內的消化道與消化系統間的關係。
6. 煮開水過程引導學生認知體會熱傳導、熱對流、熱輻射。
7. 透過食物在火鍋內的變化來探討密度與浮力原理。
8. 物質三態變化與熱量間的關係。
9. ……
10. ……

四 第四招：跳框思考

　　我們常走在慣性思考的路徑，卻忘記跳框所能看見的美麗。如果跳框思考這麼重要，那麼我們何不在教學現場就開始讓學生來接觸、來學習呢？（參見圖 11-4 的跳框思維闖關活動）所以，我開始翻轉教室原有的組成，學生成為老師、老師成為教練；學生要設計課程，老師則要協助學生思考、引導學生自主學習。那麼誰是「學生」呢？呵呵……爸媽可以是學生、偏鄉地區的孩子可以是學生、任何人都可以是學生。過程中我發現班上孩子們自主學習能力超強，比如說他們可以分析網路上的訊息量，連教具都可以自己親手製作出來；彼此討論課程運作的方式也十分多元。誰說我們的孩子不愛學習呢？我覺得關鍵是在於——我們有沒有給他們一個願意熱愛學習的環境與氛圍。

　　每一年，我都會帶領孩子規劃共學專案「Happy Walking Camp 偏鄉交流課程」，將知識技能、策略執行與關懷同理畢其功於一役。班上每一組孩子都要提交課程企畫書，我完全授權孩子們設計課程的鋪陳與進行，強化團隊合作，學習人際溝通，每一組的孩子都是一個專案團隊，訓練將想

法化成行動的能力。藉由角色轉換來發現學生自己的天賦，由孩子們自己來安排課程，包含有生物地科等內容；由孩子們自己來擔任老師；由孩子們自己來規劃內容；由孩子們自己來計算明細；由孩子們自己來展現自己；由孩子們自己……

圖 11-4：筆者的跳框思維闖關活動 QR code

結語：用愛灌溉的種子必能發出愛的新芽

很多人問我：「為何你能持續教學的熱情？每天看到你都是很開心的樣子！」因為，我不只是教書，我更在教人！我不只是當老師，我要成為孩子生命中的貴人！孩子成功，老師才真正成功！有快樂的老師才有快樂的學生，讓學習成為一件很快樂的事吧！讓學校成為一個很正向的地方！

問題討論

一、你認為學習必須是快樂的嗎？你認為學校應該是快樂的地方嗎？

二、跟孩子建立關係、貼心互動，你會擔心學生缺乏紀律或管教嗎？

三、你認為檢討考卷與訂正錯誤有什麼功能？

四、108 年課綱中數學領域在國中開放使用計算機，你認為在國小也可以使用嗎？還是在補救教學時才能使用？

教學資源

台科大迷你數位教育遊戲：http://www.ntustmeg.net/games.asp

李國偉（譯）（2018）。R. Aharoni 著。小學算術教什麼，怎麼教：家長須知，也是教師指南。台北市：天下文化。

GeoGebra 免費中文互動教學工具（數學）

LIS 情境科學教材：lis.org.tw/academy

PhET 科學實驗互動模擬教學

參考文獻

中文部分：

呂翠華（譯）（2008）。S. Winebrenner 著。普通班教師的教學魔法書：改造學習困難的孩子（Teaching kids with learning difficulties in the regular classroom: Way to challenge & motivate struggling students to achieve proficiency with required standards）。台北市：心理。

林佑齡（譯）（2006）。J. Langrehr 著。創意思考是教出來的：200 個益智問答，幫孩子掌握 29 個思考精要（Teaching our children to think）。台北市：久周。

曾明騰（2018）。Super 教師的翻轉教室：讓每個孩子都發光。台北市：智富。

黃子瓔（2010）。從 3R 到 4C：淺談 21 世紀能力的發展與趨勢。數位典藏與學習電子報，9（11）。

黃寶園、林世華（2002）。合作學習對學習效果影響之研究：統合分析。教育心理學報，34，21-42。

熊召弟、王美芬、段曉林、熊同鑫（譯）（1996）。S. M. Glynn, R. H. Yeany, & B. K. Britton 著。科學學習心理學（The psychology of learning science）。台北市：心理。

譚家瑜（譯）（2008）。Tal Ben-Shahar 著。**更快樂：哈佛最受歡迎的一堂課**（Happier: Learn the secrets to daily joy and lasting fulfillment）。台北市：天下雜誌。

補救教學 ｜理論與應用

第 12 章

英文科差異化教學
在補救教學的應用

高實玫

> 告訴他、教導他，不如讓他與我們同行。
> ——班傑明・佛蘭克林

本章提要

本章先針對台灣國高中生在英語學習時間、方法及動機三個面向的不足，探究造成英語學習落後的原因。接著建議教師以差異化教學理論，改變齊頭式的教學內容及流程，建構對不同程度學生之學習產出要求，並創造可以應用的語言環境，達成學生主動學習的最終目標。

引言：國中生的抱怨

「英語好難喔！完全鴨子聽雷。」

「單字好多，都背不起來！」

「英文課為什麼要教文法？講中文都不用學文法！」

「英文認識我，我卻不認識英文。」

「英文考得好差，回家媽媽一直唸。」

這是兩個七年級學生跟我一起做線上英語課輔時，在休息時間的閒聊。兩人在抱怨完英語學習的各種困難後，共同下的結論是：如果能生在美國，自然就會說英文，而不用再上惱人的英文課了。

過去幾年我一直帶著外文系及其他系所的學生，協助南部偏鄉國中小學生以遠距方式進行課後英語輔導。有時擔任輔導員的大學生因故不能來上課，作為這個服務課程指導老師的我就要上場代課，所以接觸到很多不同類型的學生，也直接面對他們的各種學習問題。這兩個國中生的煩惱和期望，可能也是很多學習落後學生的共同心態。

壹

英語學習落後現象普遍

我們輔導的學生大都從國小二年級就開始在學校課程中學英文了，然而有不少學生到了國中階段卻嚴重落後於一般七年級生的英語學習進度，很多學生無法唸讀國小教過的單字或句子，最差的學生甚至無法拼寫二十六個英文字母。

根據臺師大於 2018 年針對台北市國小六年級學生英語檢測結果顯

示，約有三分之一的受測小六生沒有達到六年級應有的英語文水準；更甚者，在詞彙有 12%、文法句型有 18% 以及聽力測驗有 6% 的受試小六學生，沒有達到小學四年級的程度（孫唯容，2018）。這是在首善之都所做的調查，如果在其他偏遠鄉鎮進行同樣的測驗，通過率可能更低。可預期的是，這些小六生在升上國中後將繼續落後，因此才會有 107 年度全國國中會考英文科約 30% 的學生屬於「待加強」的 C 級，僅有約 20% 的學生達到精熟程度的現象（國立臺灣師範大學心理與教育測驗研究發展中心，2018）。而 107 年度大學學測約有 10% 的考生放棄非選擇及寫作部分測驗，且學生整體表現較其他學科呈現更為明顯的雙峰（bi-modal）現象（見圖 12-1；財團法人大學入學考試中心基金會，2018）。

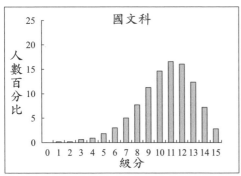

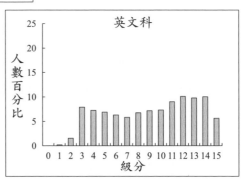

圖 12-1：107 年度大學學測各科級分人數百分比分布圖

資料來源：財團法人大學入學考試中心基金會（2018）。

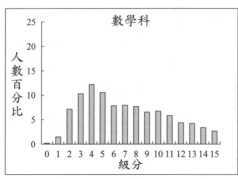

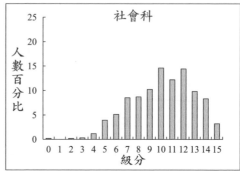

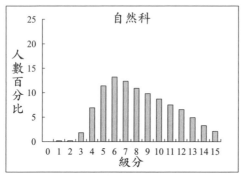

圖 12-1：107 年度大學學測各科級分人數百分比分布圖（續）

　　有人可能會將此學習落後情形歸咎於：「這些孩子課後沒有機會去上英語補習班，如果孩子在課後能增加學習時間並擁有較優勢的學習環境，當然可能較同儕表現更佳。」也許這是少部分學生能在國中會考中達到精熟程度的原因之一。然而我們的教育制度應該是為學生能在正常的學校教學環境下學習而建構的，如果有些學生在正常教學時間內學不會，身為老

師的我們應該從改變教學方法或教材選擇方面，在學校內尋求解決學習成效不理想的方法，而不是希望學生於課後到補習班去彌補。

補救教學政策也是為了協助這些未達應有學習水準的三分之一學生而制定的，但如果僅是每週多加幾節課、讓學生多做練習卷，或是把全班共同上過的教材再教一遍，肯定要以失敗收場。

英語學習問題在哪裡？

教師要協助這些占全體學生三分之一的英語學習落後學生，應該先了解這些孩子們的問題所在。我們觀察到很多孩子在小學開始上英文課時就逐漸跟不上了。由於語言是一種累積性的學習，幾年後到了國中階段，其程度已經無法跟著班級一起上課了，造成上英文課時這些孩子完全聽不懂，索性睡覺、看別的書，或做自己的事，這段上課時間幾乎是完全無效的教學。因此教師在規劃補救教學時應該先把這些學生的問題釐清，以下是根據我們的觀察而歸納出的三項關鍵性問題：

一 學習時間不夠

從語言結構層面來看，世界上並沒有困難或簡單的語言。不管一個人的種族背景或家庭社經地位，只要智力正常且發聲器官構造沒問題，都一定能在進入小學前達到日常溝通所需的聽說能力；進入學校再學習幾年後，閱讀和書寫也不再是難事。換句話說，就算是世界上一般公認音調困難及字型和字音分離的中文、字尾變化繁複的匈牙利文，或是書寫方式與一般習慣不同及辭彙複雜的阿拉伯文，對於生長在這些語文使用地區的母語人士來說，都不是問題。這同時說明語言學習是天性，我們不能用「某人沒有學習語言的天賦」來作為英語學習不佳的藉口。然而，學習外語畢

竟不同於母語，在缺乏外在環境與必要性的因素下，學習時間長短成了能否成功的重要變數。

美國國務院下設的外交學院（Foreign Service Institute, FSI）是負責訓練美國軍方及外交人員外語的機構，教授 65 種除英語外的外語，早年曾經開發 Audio-lingual 學習法，也協助制定現在仍在美國通行的外語能力分級和檢測方式——跨部門語言圓桌量表（Interagency Language Roundtable Scale, ILR）（U.S. Department of State, 2018）。ILR 分級制有五級：S-1 到 S-5，S-3 是所謂工作需要的能力（professional working proficiency），也是 FSI 訓練其學員的目標。

FSI 根據其 70 年教學經驗和累積的大量學生資料，將這些語言對於英語為母語人士的學習困難度分成五類（U.S. Department of State, 2018）。與英語結構相近的歐洲語言，如丹麥語、荷蘭語、西班牙語及法語等，對英語人士來說相對易學，屬於第一類語言。FSI 估計約需 24 到 30 週，每週五天，每天上課五小時，學生就能夠達到說及讀 S-3 級，換算成上課時間約是 600 到 750 小時（不包含學生自我練習及做作業時間）。最難學習的是歸類在第五類的語言，包括中文、日文、韓文、阿拉伯文等，這些語言無論發音或字形及語言結構都與英語相距甚遠，英語人士約需上 88 週、大概 2,200 小時的課程，才能達到與人順暢溝通並能閱讀一般報紙的程度。FSI 另建議學生應花相對應的時間複習上課所學，才能達到預定的學習目標。這樣換算下來，就連學習與英語相近的語言也需要上千小時的時間及精力。FSI 這個統計沒有太多學理根據，但就經驗法則及大量數據來看非常有參考價值。換言之，語言學習無他妙法，要成功就是要花時間和下功夫。

一般台灣學生學習英語成效不佳的主要原因，即是下的功夫和花的時間不夠。國中階段一週英語課約 3 至 5 節，如果回家不自我複習，上課又不專心，一週能接觸英語的時間實在很少，怎能奢求在短時間內學會一種與中文完全不同的語言呢？那些下課去上美語班的學生之所以能學得較

好，主因之一也是學習時間增加。如果一位不上課外英語輔導的學生，上課能專心，每天又能固定在晚上增加自行學習的時間，學習效果可能也不會比去上課外英語輔導的學生差太多。

我們在教學現場觀察的結論支持這個統計。對於大多數落在英語學習後段的學生來說，投注在英語學習的時間普遍較前段學生少，回家幾乎都不會自動複習上課所學。假設有兩個從小二開始在同一個班級學習的學生，他們都無法參加課外英語補習；一位若是每天回家複習一小時英文，一位下課後完全不複習，一年下來，這位不複習的學生就少了 365 小時的語言學習時間；到了國中階段，這位不複習的學生想要趕上另一位學生的英語程度，幾乎是天方夜譚了。至於學生回家會不會複習，則大半取決於他／她的家庭條件與學習資源。

二 學習動機不強

落後學生為什麼不願意在英語學習上投入時間和精力呢？我們在遠距課輔接觸到的學生常抱怨：「學英語幹嘛？我又不可能出國！」「學英語好無聊喔！」他們的學習動機跟在 FSI 上課的美國外交官或軍官有天壤之別，那些美國的學員是預定要外派到世界各地工作的人，他們知道將來的工作或任務必須要使用所學的語言，且外派能有升遷機會，薪水也較高，所以他們的學習動機很強，下課後一定主動自修，深怕無法在有限時間內達到目標。他們具備所謂的**工具性動機**（instrumental motivation）（Gardner & Lambert, 1972），所以願意投入且學習效率也高。

反觀台灣的學生，雖然聽老師說「學英語很重要」，但未來對他們來說很遙遠，特別是身處偏鄉或家庭經濟不佳的孩子，老師鼓勵他們將來進入社會後工作或出國旅遊時英語很有用，孩子多半認為是非常空洞且遙不可及的口號，他們感受到的反而是考試的壓力及考試不理想可能帶來的責罰和挫折。因為他們並不具備外在的工具性動機，因此要提升其學習成效應該由其內在需求、個人興趣、學業成就感、同儕影響或直接應用等其他

面向來提升其綜合學習動機（integrative motivation）（Gardner & Lambert, 1972），更要注意社會語境的營造，否則英語僅是一門與生活失去連結的學科罷了！

舉例來說，從 2015 年起，成功大學醫學院、文學院、設計規劃學院及電資學院老師們每年會聯合規劃服務性課程，帶領不同學術領域、來自世界各地的成大國際生和本地生一起到台南偏鄉（如：左鎮、新化、南化等地區）的國中小學，去做不同類型的教育性社區服務。這些社區中有些連便利商店都沒有，更遑論美語安親班，很多中小學生們生長於隔代教養的弱勢家庭，從來沒有接觸過外籍人士，也沒有真正使用英語進行交談的環境或機會。當成大學生第一次進入學校時，看得出中小學生們有的覺得新鮮好奇、有的表現出畏懼害羞。

成大學生設計的活動有運動比賽、說故事及表演、遊戲唱歌，也和學生們一起調查並討論社區所在地的生態環境、美食、遊憩景點及農特產品。大學生能進入社區的時間有限，其實並不能花太多時間直接教導孩子。很多大學生在課程回饋中提出疑問：「這樣短暫的接觸真的能帶給孩子們什麼影響嗎？」但當我們詢問當地學校的老師和校長時發現，外籍生來訪的影響不在當下能教孩子們什麼，而是在大學生離開後，對孩子們的世界觀及語文使用的影響。

老師們提到孩子們整天的話題都圍繞著大哥哥大姊姊與他們一起做的活動及趣事，上英文課時也突然專心起來，下課還會問老師與英文相關的問題。當每年的活動成為常態後，孩子們對於學英文的態度轉變了，師長們認為成大學生對當地學童的影響是潛在且長期性的，並且由內在改變了孩子們對使用和學習英語的看法。

另一個創造學習需求的例子也發生在當地的國中。其中一項與成大協作的活動是由大學生指導國中生學習操作空拍機，將家鄉的地貌拍下來並做出地景圖及導覽手冊。由於許多技術性資料及電腦軟體都使用英文，國中的孩子為了要了解空拍機組裝方法及操作流程，自己用 Google 線上翻

譯功能去閱讀英文資料。這對於一些學習落後的學生來說是很大的挑戰，但他們為了確認翻出的文意，常常向英文老師提問。有些學生原本對英文完全沒有興趣，但為了組裝機器竟然分工合作把十幾頁的英文手冊連夜翻完了。當老師利用此機會解釋手冊中的祈使句用法及電腦軟體中的英語詞彙時，學生們都聚精會神地專心聽。有趣的是，詢問學生們後發現，他們並不覺得這個過程是在學英文，而是為了完成空拍任務而「查了一些英文字」。問他們：「無聊嗎？」他們回答：「很有意思啊！」雖然他們短期內可能還是沒辦法應付英語測驗，因為考試不會考這些跟空拍相關的知識，但是他們學會了有用的詞彙，還能根據指示操作機器，讓他們更有成就感。當他們發現英語和他們的日常活動有連結性，就會感受到學習的樂趣，長久以後能對課內的英語學習材料產生學習動機，進而願意自動投入英語學習。

三 學習方法不正確

英語和中文最大的差別在於它是拼音語言，雖然例外不少，但大致遵循一些發音的原則，其句法和構詞也有規律性，了解這些規律就會發現英語是很簡單的語言。可惜的是，很多學習落後的學生在一開始接觸英文時，就想複製其中文學習的經驗。例如，國小一年級小朋友學國字時，老師會叫小朋友把生字寫十遍，因為寫多了就會熟習字形，下次看到就能辨認出來。但這種練習不保證小朋友會唸出這個字，因為中文的字音與字形並無太大關連性。以中文為母語者習慣用眼睛看、用手寫，而不習慣大聲讀。然而對於學習像英文這種拼音語言來說，抄寫新字幾十遍是不必要的，因為英文只有 26 個字母，如果學習新字時不與其讀音結合在一起，所有的單字看起來都差不多，就算暫時記住其字形或字母次序，可能很快就會忘記；或者雖然記住字形，但當聽到這個字的發音時，因為缺乏字音和字形的連結，也拼寫不出來。因此用學中文的方法去學英文，通常事倍功半，久而久之就放棄了。所以在國小階段，曾世杰與陳淑麗發展的英語

補救教學是以音韻覺識為主（曾世杰、陳淑麗，2014），原因就是在此。

　　從字的結構來看，英文是將字根結合字首（prefix）和字尾（suffix），所以只要學習字根，就能舉一反三，快速擴張詞彙學習的範圍。然而學習落後的學生多半把每個字都分開學習，才會抱怨單字太多、記不住。有研究顯示英語使用者在日常會話中用到的詞彙大致不超過常用的 2,000 字，這裡的「字」是指詞族（word family），因此 beauty, beautiful, beautify, beautifully 等算是同一 word family。從分析學術性的英語口語簡報的研究也發現，其中 85% 屬於最常用的 2,000 字，10% 是學術詞彙，再加上 5% 的領域專門詞彙（Kao & Wang, 2014）。用英語溝通實在不需要太多高深的詞彙，但是學習新字彙時要搭配句子、用法和字根字首一起學，才能充分應用。

　　近來在**溝通式教學法**（communicative language teaching）的影響下，很多老師把文法視為毒蛇猛獸，認為上課玩遊戲、做活動、練習對話才是學習溝通的方法；加上國中階段的教材大多以對話配合句型為主，導致學生對英語語言架構的了解很零碎，甚至有很多國中生不清楚單數第三人稱的一般動詞加 s/es 和複數名詞加 s/es 有什麼不同。國中學生的母語已經發展完成，其心智也已成熟，可以做邏輯歸納和比較，因此教師應該配合適當的方法引導學生有系統地了解英語的邏輯和規則，以方便學生自行實驗語言結構搭配的可能性。因此，文法學習是必要的，但教授的方法需要更多元。Riener 與 Willingham（2010）指出學生的學習能力和興趣會有差異，所以教師的責任在於找出適合不同教學內容的最佳呈現方法和配套活動來引導學生學習。因為文法有多重面向，教文法本身沒有問題，問題出在教師引導學生理解文法的方法是否恰當有效。

以差異化教學改變學習現況

　　差異化教學（differentiated instruction）並非新概念，早在二十世紀初就已經盛行於教育資源缺乏的鄉村地區，主要是因為鄉村學校缺乏教師、也沒有多餘的教室，因此把各個年齡層的孩童集合在一起進行教學，教師則根據孩童各自的需求和能力分別指導並指派不同的作業。但當**標準成就測驗**（standardized achievement test）盛行後，這種教學模式就不適用了，因為學生必須遵循統一的進度和學習目標，並接受相同的評量測驗。但差異化教學法的精神和實施方式在 1990 年代又重新被美國的教育家推動起來，其中最重要的學者是 Carol Ann Tomlinson，她著有多本有關差異化教學法理論及應用的書（Tomlinson, 1995; Tomlinson, 1999, Tomlinson & Allan, 2000）。差異化教學法的中心思想是：每個學生都是獨特的學習者，因此課室教學應該依照每位學生的學習需求和進度做調整。Tomlinson 及 Imbeau（2010）建議從以下四個面向著手：教學內容、教學流程、學習產出、學習環境。以下依序說明。

一　教學內容

　　雖然教師須受到各學區或國家制定的教材及進度的限制，但仍然可以在教材呈現及教學活動設計上做出程度和內容的區隔，Tomlinson 建議可參考 Bloom 提出的學習技能分層理論，針對學生的程度提供由簡單到困難的不同閱讀文本，或設計不同的學習任務，其心智活動由低階到高階分成：記憶、理解、應用、分析、評鑑和創造。Weselby（2014）以故事閱讀為教學活動，提出以下的語言學習活動作為對應於此六個階層的範例：

　　記憶：將新單字與其定義和解釋連結，一起記憶。

　　理解：閱讀一個段落後，回答相關問題。

應用：思考故事中發生在某個人物的情節，可能會有什麼不同的結局。

分析：區分故事中的事實陳述與作者藉人物傳達之個人意見的差異。

評鑑：指出作者對某議題所持的態度，並由書中的陳述找出證明來支
持此論點。

創造：製作一份 PowerPoint 簡報，介紹全課重點。

Theisen（2002）建議在英語課中帶領學生閱讀故事時，程度高的學
生可以閱讀原文，程度中等學生閱讀簡化或改寫版，程度低的學生閱讀故
事大意即可。

二 教學流程

可依學生的學習興趣和專長指派不同的活動或任務。教學流程也是學
習過程，應考慮學生的學習偏好及所需要的協助做區隔分組，分組時可依
照學生的英語程度、興趣偏好或學習型態等類別做規劃。Theisen（2002）
建議使用同一文本可以進行如圖 12-2 所示的各種類型學習角。

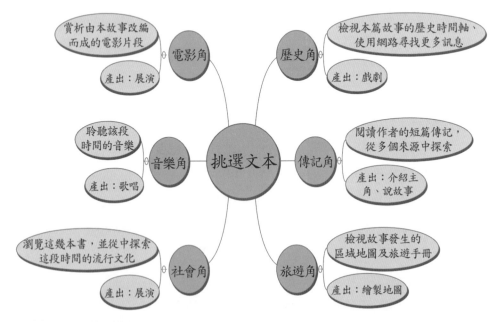

圖 12-2：參照 Theisen（2002: 3）設計之探索文學類文本的六種學習角

方法是將有同樣興趣或偏好的學生分在同一組，以便學生做更深入的討論，且各組從事不同的學習活動。學生若對不同學習角有興趣，也可以進入兩個或多個學習角，進行多重探索。本分組方式與台灣一直以來推動的「分組合作學習」稍有不同；「分組合作學習」會將有各種程度及技能的學生混合編在一組，以期程度高者協助或影響程度低者，並鼓勵學生能依專長分工合作，互補學習。

三 學習產出

因為學生被賦予的學習任務有異，所以每一組或每一個學生呈現出的學習結果可能會截然不同。例如，在閱讀同一文本後，學生因為參與的學習角不同，可能會產出角色扮演、歌唱、朗讀、戲劇、畫圖、美勞作品、電腦程式等各種不同的作品，因此老師不能用統一的方法及標準做評量。

四 學習環境

創造友善及能激勵學習的環境是差異化教學能否成功的關鍵，畢竟學習需要由學生端啟動。在過往的齊頭式教學環境中，落在後段的學生因為整體環境對其學習成果不抱期待，老師只求這些學生在正常上課時間不要影響其他學生的學習或教師的教學，因此對他們的態度多半是消極的，也不會特別要求他們必須達成什麼學習目標，學生因而放棄學習。但是在差異化教學之教室中，教學的內容和進度會針對不同學習階段的學生做調整，不管學生學習的速度如何，都有適合各自的學習目標，並期望學生能達成該設定目標，這樣會創造出正向而積極的學習氣氛，也可培養學生對學習的自信心。

肆

以科技及網路資源輔助差異化教學

在台灣目前的教育生態和環境下要實際執行英語科差異化教學著實不易，但是如果能善用科技，可以創造出對學習落後學生更有利的學習環境。國內已有不少研究指出，以電腦輔助弱勢國中及國小學生學習英語確實能引發其學習動機、提升其學習信心，並帶給學生一些實質學習成效（林淑媛，2009；許繼德、黃珮玲，2012；郭孟倫、楊叔卿，2015）。科技資源的優勢在於網路的無遠弗屆和龐大豐富的免費影音資料，還有各種電腦輔助語言學習軟體的快速開發。使用科技支援學習，也非常符合目前 D 世代（Digital natives）學生們的心態。國中生對學習如何操作電腦軟硬體，比聽老師用黑板和教科書上課更有興趣，甚至不需老師教導就可自行上手。如果學校有硬體設備和網路，引導國中生使用電腦做作業或搜尋資料，不失為很好的課後學習途徑。不僅能增加學生的學習時間，更可以進行自我導向的學習。

舉例來說，對於不了解英語字母和發音規則的學生，可以利用 Google Translate 的人工語音發音功能幫助他們練習發音及學習簡單規則。教師可先示範用 Google 線上翻譯器的發音功能，在英文視窗輸入字母 A，按發音，電腦會發出其字母唸法 [eɪ]；增加一個子音字母 P 成為 AP，電腦會發出 [æp]；再增加一個母音 E 成為 APE 電腦會發出 [eɪp]。老師可說明一般英語字如果拼寫次序是母音＋子音，則母音要發其短音型式，如 A 的短音型式是 [æ]；若是母音＋子音＋E，則母音要發其長音型式，也就是該母音在字母中的唸法，如 A 的長音型式是 [eɪ]。學生可以用同樣的方法測試其他 E, I, O, U 四個母音，任意輸入的情形下如果是真的英文字，如 APE，中文字義「猿」就會出現，學生也能將新教的單字輸入，聽發音並

跟讀。

　　相反的，如果要測試學生發音是否正確，可以用免費線上語音辨識軟體 Speech Notes（http://speechnotes.co/），配合有麥克風的耳機，先選要輸入語音的語種，如 English, US，點選麥克風圖案，然後唸出單字，如果發音清楚正確，電腦就能把所唸的字辨識出來，並顯現在視窗中。例如要確認學生能否正確把對應字母 A 的長短母音唸出，可以請學生唸：at, ate／app, ape／tap, tape／cap, cape 等，如果電腦能成功辨識就是發音正確。這些軟體原先並不是為語言學習設計的，但只要花些巧思，簡單的功能也可以發展出非常多有意義且有趣味的學習活動。同時因為學生在電腦上能掌控其學習次序與進度，且對著電腦練習再多次，電腦也不會抱怨或疲累，完全可以達到差異化教學的目標。

　　繪本故事也是應用在差異化教學的好教材。繪本的主題多元，有豐富生動的插圖，又能配合學生年齡、興趣和語文程度做選擇。網路上有很多配有朗讀的英語繪本故事 PPT，或者 YouTube 上有將各種繪本故事以動畫或卡通方式呈現的影片，以及配合故事編寫的歌曲，都很適合作為引導學習的教材。有一些教育機構如 British Council（2018），或國際出版商如 Scholastic（2018）會提供優良繪本圖書清單，並依語言程度及主題做分類，還有教學活動設計構想供教師下載使用，能幫教師節省很多蒐集教學材料的時間。

善用社會資源輔助差異化教學

　　對於位處教育資源不利地區的學校，與附近的大學形成聯盟並利用公益團體提供的社會資源，可彌補學校資源和人力不足的問題，以大學的教育資源和人才，協助國中小學弱勢學生進行課後輔導或補救教學。目前許

多執行師資培育的大學會鼓勵師培生在學時參與課輔志願服務計畫，這些計畫的目標是將大學生及參與計畫的國中小學弱勢學生，以一對一或一對二方式配對進行線上課後輔導。國中小學老師可以參與課程內容規劃，並與執行教學的大學生討論引導學習的方法和個別進度，這是達到差異化教學的最佳時機。例如，成功大學和高雄師範大學的遠距英語課輔計畫都與地區扶輪社合作，協助附近偏鄉學生於課後輔導時間進行補救教學，兩個計畫都以英語繪本作為教材，由扶輪社協助偏遠地區學校建構適當的網路視訊環境，並捐贈繪本給學校放置在圖書館中供學生借閱。教學時由大學生以遠距方式協助學生朗讀繪本，並討論故事情節。因為國中小學生需求和程度的差異，這些挑選出來的繪本依難易度分為初級、中級和進階三類。初級的繪本以圖畫為主，每個故事的單字不多，也有以教導辨識字母和發音為主的繪本；進階的繪本除了故事外還能與其他領域知識，如數學、自然、人際關係等結合一起學習，每組學生的進度由大學伴視小學伴的程度調整，教學時配合網路上的影音資源增加教材呈現的多元性。小學伴在每週課程結束後，還可以在學校圖書館閱讀或借出實體的繪本書回家閱讀。

　　為了增進學伴間的信賴關係，在經費允許下，有些大學會讓大學伴到小學伴學校訪問，進行面對面的大小學伴相見歡活動，一方面讓大學伴了解教育資源不足地區及弱勢學校的教學和社會環境，另一方面讓小學伴確實感受到學習的溫度和被重視感。

結語

　　本文一開始就提到學生的學習時間並不多，學習本身需要對學習者有意義，才能持續並且轉化成知識。因此，如果補救教學還是用「老師說、學生聽」的方式進行，所傳達的內容終究會被學生遺忘。如果學生不能在學習過程中覺察樂趣、需求性及成就感，學生將成為學習的局外人、不會

自行在課後主動學習，那麼補救教學將很難看見成效。

　　回到兩位國中生因為沒有生在美國而不會說英語的惋嘆，我告訴他們：「不需羨慕美國人，美國人得花更多時間學中文啊！況且有些住在美國二三十年而不會說英語的移民比比皆是；即使出生在美國，如果不去上學，也有可能是文盲。因此語言學習沒有捷徑，重點是你們已經學會了世界上公認的困難語言——中文，還有什麼語言學不會呢？」

問題討論

一、比較文中所建議的語言學習時間，回想你的求學過程中，每一學期總共花多少時間預習、學習及複習英文？時間足夠嗎？

二、承上題，你用什麼方法學習英語字彙、文法、閱讀、聽力和發音？這些方法與文中建議的有何不同？你所使用的方法效果如何？還有何方法可提升學習效率？

三、你的生活中有哪些事物與英語相關？你對這些事物有興趣嗎？為什麼或為什麼不？你能從有趣事物中學習英語嗎？如何做？

參考文獻

中文部分：

林淑媛（2009）。伴我成長——協助弱勢國中生英語學習。國立臺灣大學師資培育中心第五屆「**教育理論與實務對話：『增進弱勢學生學習成效』研討會**」論文集，79-94。

孫唯容（2018，5 月）。英語能力雙峰化　臺師大推「英語能力診斷及認證系統」期待政府及早掌控小學端的英語實力。**國立教育廣播電台**。取自 https://www.ner.gov.tw/news/5b0b8b164e09130005ae1fc7

財團法人大學入學考試中心基金會（2018）。**107 學年度學科能力測驗統計圖表**。取自 http://www.ceec.edu.tw/AbilityExam/SatStat/107SATSat/107SATStatIndex.htm

國立臺灣師範大學心理與教育測驗研究發展中心（2018）。**107 年國中教育會考各科計分與閱卷結果說明**。取自 https://cap.nace.edu.tw/

許繼德、黃珮玲（2012）。**資訊融入英語合作學習與補救教學模式之行動研究**。取自 https://priori.moe.gov.tw/index.php?mod=rdm/index/content/forums2012

郭孟倫、楊叔卿（2015）。挑選平板電腦應用程式以協助英語低成就學習者之研究。**教育傳播與科技研究**，112，19-39。

曾世杰、陳淑麗（2014）。初階英語文補救教學。載於陳淑麗、宣崇慧（主編），**帶好每一個學生：有效的補救教學**。台北市：心理。

英文部分：

British Council. (2018). *Picture books for all*. Retrieved from https://www.teachingenglish.org.uk/article/picture-books-all#2

Kao, S.-M., & Wang, W.-C. (2014). Lexical and organizational features in effective ELF presentation. *International Journal of English as Lingua Franca*, *3*(1), 49-79.

Gardner, R. C., & Lambert, W. E. (1972). *Attitudes and motivation in second language learning*. Rowley, MA: Newbury House Publishers.

Riener, C., & Willingham, D. (2010). The myth of learning styles. *Change the Magazine of Higher Learning*, *42*(5), 32-35.

Scholastic. (2018). *Welcome, teachers*. Retrieved from https://www.scholastic.com/teachers/home/

Theisen, T. (2002). Differentiated instruction in the foreign language classroom: Meeting the diverse needs of all learners. In E. Phillips & L. K. Meidlinger (Eds.), *Communiqué*, Issue 6. Austin, TA: LOTE Center for Educator Development.

Tomlinson, C. (1995). *Differentiating instruction for advanced learners in the mixed-*

ability middle school classroom. Reston, VA: ERIC Clearinghouse on Handicapped and Gifted Children. (ERIC ED389141)

Tomlinson, C. (1999). *The differentiated classroom: Responding to the needs of all learners*. Alexandria, VA: Association for Supervision and Curriculum Development.

Tomlinson, C., & Allan, S. (2000). *Leadership for differentiating schools and classrooms*. Alexandria, VA: Association for Supervision and Curriculum Development.

Tomlinson, C., & Imbeau, M. B. (2010). *Leading and managing a differentiated classroom*. Alexandria, VA: ASCD.

U.S. Department of State. (2018). *FSI's experience with language learning*. Retrieved from https://www.state.gov/m/fsi/sls/c78549.htm

Weselby, C. (2014). *What is differentiated instruction? Examples of how to differentiate instruction in the classroom*. Retrieved from https://education.cu-portland.edu/blog/classroom-resources/examples-of-differentiated-instruction/

第 13 章

學習扶助：
學科閱讀指導

黃秋華

> 每個老師都是閱讀老師。
>
> 今日為讀者，明日領導者。
>
> ——作者自勉語

本章提要

學科教學可以有各種不同的方式，例如閱讀、參觀、做實驗等，但最基礎的就是要「讀懂」該學科的文本。正因為不同學科領域有其特殊性，在進行補救教學時，教師必須要用具體與步驟化的方式來引導。本章旨在以社會、數學領域為例，說明學科閱讀指導的策略，包含有詞彙與文意理解的教學。讀者可以試著拿出正在備課的教材或者正在教的內容，運用本章介紹的步驟試試看，練習讓自己的教學更貼近學生的學習歷程。

前言

　　閱讀素養是決定國家競爭力的首要條件。閱讀是獲得知識的根基。在 2001 年美國通過的《有教無類》（No Child Left Behind）法案就是以閱讀為優先。我國十二年國教的 19 項議題中，閱讀素養也列於其中。在國家教育研究院（2019）《議題融入說明手冊》（p. 102-103），明訂基本的閱讀能力是會檢索資訊、獲得資訊及整合資訊。進階的閱讀能力是會詮釋、反思，乃至評鑑文本。閱讀是跨學科的重要途徑，因此，學科閱讀能力會反映出，學習者能否在接觸各種知識領域的情境下，進行閱讀理解，進而具備跨領域的合作與溝通能力。本章首先介紹學科閱讀教學的重要問題，接著透過教學案例來說明學習者可以應用的閱讀指導策略，最後做一總結。

學科閱讀之問題

　　有效的中文閱讀理解策略，已經有文獻上的整理（謝進昌，2015），包含有自我提問、文本結構分析、摘要，以及老師善用鷹架與討論來**交互教學**（reciprocal teaching）等。交互教學法又稱相互教學法，是 Palincsar 與 Brown（1984）根據建構主義而發展的閱讀教學方法，共有四種閱讀策略——摘要、提問、澄清、預測。教育部亦對國小教師做了很多閱讀教學的研習，然而 2015 年 PISA 的閱讀排名，台灣卻從 2008 年的第 8 名滑落到第 23 名。當閱讀策略應用在不同學科時，還會因為學科的特性而有所限制。以下就學科教師所面臨的文本閱讀問題來說明。

一 學科知識豐富，不等於會「教」

　　學科學習有各學科的特殊性，例如社會領域的推理與批判思考、數學領域的解題策略等。所以一般性的教學策略，有時對特定的學科學習來說是不夠的。因此，**學科教學知識**（pedagogical content knowledge, PCK）成為教師能否幫助學生有效學習的關鍵。換言之，即使教師具備豐富的學科**內容知識**（content knowledge），如果缺乏學科教學知識、不了解學生在學科學習的困境與關鍵問題，將很難幫助學生學習學科內容知識。你是否有過這樣的經驗：台上老師講得口沫橫飛，賣力地想傳授知識給學生，可是，台下的你卻完全聽不懂老師在說什麼。想想看，一位擁有豐富數學知識的老師，是否就能將他／她所知道的數學知識完全傳授給學生？答案是：「不一定。」由於不同學科有不同的特質，老師必須精熟任教學科的教學知識，能隨著不同的學習情境脈絡、不同主題，判斷適當的教學策略，才能有效地將學科內容透過教學過程引導學生學會（黃嘉莉、葉怡芬、許瑛玿、曾元顯，2017）。學科教學可以有各種不同的方式，例如閱讀、參觀、做實驗等，但最基礎的就是「讀懂」該學科的文本——最常見的就是學校老師用的教科書，這也是最不受限於教學資源或學習環境條件的學科學習媒介。但是學生對教科書是沒有選擇權的；有些教科書的編纂並不容易理解，而老師們知道怎麼去幫助學生解讀文本嗎？這將是本文的重點。

　　和小學階段的記敘文或故事不同，學科閱讀大多屬於**訊息類文本**（information text），中學生不一定熟悉。這類文本閱讀需要老師直接教學，並提供學生練習的機會（洪月女，2016）。因為學科文本的議題通常具有關聯性，因此引導學生學會「讀懂該科目」的策略是必要的。即使學生過去接受過一般的閱讀策略教學，但是也可能無法應用於特定學科的閱讀，例如，當學生遇到數學科領域中的專有名詞「分子」，此時學生想起以前學過「理解新詞」的方法，是由上下文來推敲，卻發現怎麼也找不到相關線索。因此，學科閱讀需要有針對該學科的閱讀指導，特別是在該學

科有很多專有名詞時。因此，針對各學科特質而設計的閱讀指導是必要的，也更需要運用在補救教學上。

　　長年以來，學者或教學現場的老師們致力於閱讀教學，開發了各種閱讀教學模式，像是由國外學者發展的 SQ3R、KWL、CORI、交互教學、概念構圖等，這些教學模式都有明確的步驟，都可以應用在閱讀指導（洪月女，2016）。學生是否能有效運用這些步驟來理解各類的學科文本，是教學者必須關注的問題，更是師資培育單位要著力的職前培育重點。

　　從 Shanahan 與 Shanahan 所提出的閱讀金字塔來看（圖 13-1）（引自洪月女，2016），學科讀寫能力必須具有基礎與中級讀寫的能力。學生僅擁有基本的閱讀能力，並不一定能在學科學習上運用既有的閱讀策略與技巧來幫助自己學習專門領域的學科知識。

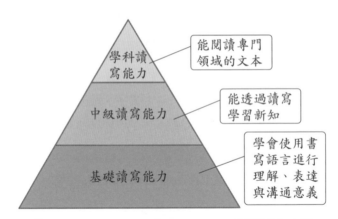

圖 13-1：Shanahan 與 Shanahan 的閱讀金字塔

資料來源：引自洪月女（2016：27）。

　　因此，洪月女（2016）建議，鼓勵學生將所學的閱讀理解策略運用、轉移到不同學科、不同類型文本的學習。但因著不同學科有其特殊性，學生也可能有不同的學習歷程，老師除了要有學科內容的專業知識，還要能掌握學科文本的語言特性與結構，並且同時具備閱讀理解策略的專業知能，才能應用在學科教學上。特別是補救教學，老師必須要有明確且步驟

化的閱讀教學策略。

　　學科閱讀指導的重點在於,教會學生學習如何從文本閱讀來學習學科內容。McKenna 及 Robinson 認為,學科閱讀需要以下三者:一般閱讀技能、學科先備知識、學科特殊閱讀技能(引自洪儷瑜、王瓊珠、陳長益,2005)。由於學科的學習有各領域的學術性(專門性)詞彙和概念,必須在基本的詞彙理解以後,學生才能開始進行推論、監控與整合先備經驗等閱讀理解策略。以下舉一個簡單的例子來說明:

相對位置:相對位置是以某一個地點為基準,再利用方位、距離表示
　　　　　目標物的所在。

絕對位置:絕對位置是藉由一組座標系統,由橫座標和縱座標來表示
　　　　　位置的所在。

（107 學年度翰林版國中七年級上學期社會領域）

　　上述兩個看似簡單的定義,學生需要讀懂什麼是「**基準**」、「**方位**」,才能進一步理解什麼是相對位置;學生也需要知道什麼是「**座標系統**」、「**橫座標和縱座標**」,才可能理解絕對位置。

　　學科閱讀是希望學生在沒有與主題相關的生活經驗(背景知識)時,仍然可以透過閱讀獲取新知。因此,教師如何有效為學生準備「釣竿」,幫助學生運用閱讀理解策略在專業學科自我學習,是學科教學需要著力的重點。

二 越補越大洞的補救教學

　　小故事:教了 10 多年數學的陳老師在課後輔導班下課後走進辦公室,嘆了一口氣說:「這幾個怎麼教都教不會,我已經重講十遍了,也講得很慢,還是沒辦法,這真的是理解力的問題了。」

補救教學的目的不外乎是教師透過有效的補救策略，針對有需要的學生進行有效的引導，使學生能達到該學習階段應有的基本或精熟程度。常見的補救教學經常是以相同的內容與教學方法來進行，只是教慢一點、或者反覆練習，結果當然是無效，學生也越學越沒動力、沒信心，或乾脆放棄，形成一個越補越大洞的惡性循環。

補救教學的成敗關鍵在於老師是否具備相關「學科教學知識」概念，並能根據學生的學習困難來源，提供有效的策略與方法。也就是，老師能根據教學內容、學生相關的先備知識以及個別差異，採用適當的教學方法與策略，將學科知識加以分析、重整、組織、表達，並能適當的轉換而教給學生的知識（林進材，2018）。既然學科學習有其特殊性，那麼，老師是否能夠掌握學生在學科學習的困境便是補救教學成敗的關鍵，但這同時卻也是最容易被老師忽略的。從學科學習的角度來看，老師有注意到學生連課文都看不懂嗎？為了要能讀懂課文，學生又要具備哪些先備知識呢？

貳
學科補救教學實例

一 社會領域

狀況一：就是讀不懂！原來，是這個詞「卡住」了！

（一）詞彙教學

文本閱讀是最直接與常見的學習活動，補救教學首要是掌握重要詞彙的學習，教師要引導學生能辨識出自己不懂的詞彙（邱瓊慧譯，2015）。例如學生正在閱讀以下這段文本：

經線：又稱為子午線。假想在地球上下頂端之間有一條穿過地球中心點的地軸，地球繞著地軸自轉，地軸和地球表面分別相交於兩個點，就是南極和北極。經線就是連接南極和北極的圓弧線。

（107學年度翰林版國中七年級上學期社會領域第一章第8頁）

老師可以鼓勵學生先提出自己不懂的詞彙，如「地軸」、「南極」、「北極」等，再引導學生觀看地球儀的圖片或模型來理解這些概念。能夠辨識自己還不懂的地方，就是所謂**後設認知**（meta-cognition）的能力，這是需要練習的。後設認知就是「認知的認知」（cognition about cognition），包含有自我覺察、控制、調整等。後設認知能力是學習困難學生明顯偏弱的能力，學生若無法察覺或者知道自己哪裡不懂，更遑論後續的調整策略。後設認知能力是影響理解力的關鍵，因此，在詞彙的教學需要把握兩個原則：（1）練習察覺：指導學生在閱讀時能先找出自己不會的詞彙，練習自我監控。（2）讓已知幫助未知：若擬學習新的詞彙，可以先列出與這個新詞彙相關的既有知識連結，也就是透過已有的知識網絡來學習新詞彙。老師在解釋新詞彙時，也要避免又加入新的詞彙，以免學生越聽越模糊。

（二）文章理解策略教學

狀況二：每個字都懂！讀完了還是沒概念！

區域所在位置會影響區域特色及當地居民的生活型態。例如台灣處於四面環海的地理位置，因而形成了向海洋發展的傳統。由於台灣位居亞洲東側、海陸交接的交通要衝，是促進台灣貿易發展的重要條件。

（107學年度翰林版國中七年級上學期社會領域第一章第6頁）

國一的補救教學課堂，老師問小唐：「讀完這頁，你覺得它要傳遞什

麼重要概念？」

　　小唐：「台灣地圖。」

　　老師皺了皺眉頭：「台灣地圖……你確定它在講台灣地圖？」

　　在這個例子中，以七年級的識字量而言，並沒有太多過於艱澀的難字，但學生讀完後仍然可能不知所以然，或者無法摘要重點，例如文中「向海洋發展」的意思；又例如若學生不知道方位，就無法理解「位居亞洲東側」的台灣位置；又或者學生不理解「海陸交接」的意思、「海陸交接」又跟「貿易發展」有什麼關係？因此，可以透過相關的地圖或照片引導學生更深刻理解文本要傳達的概念。

　　社會領域學科包含歷史、地理科，經常聽到學生說：「我歷史很爛，都背不起來！」或者「我地理都學不好，地名、物產都背不起來！方位都搞不清楚。」從這樣的回應可推測，學生並沒有學習到該領域正確的學習方法。例如，把地理當國語文來背誦，而欠缺整體地理知識的運用（張景媛，2015：277）。與其他學科相較之下，社會領域的文本通常有較高且複雜的訊息量，文本的**結構模式**（structural pattern）異質性高，有文字、各種樣式的圖示、統計圖表等。再者，社會領域單元之間的概念通常有高度連結與相關。因此，社會領域文本的閱讀，學生除了必須能進行文字**解碼**（decoding）、理解句意、段落大意以及判讀主題、分析副標題，並要能推論與連結單元之間的關係（陳明蕾，2011）。

　　從社會領域文本的多樣性可知，學生在社會領域文本閱讀過程，若沒有策略來閱讀，很容易淪為背誦零碎且片段的名詞、概念。事實上，社會領域因著學科的特殊性，教學方式有很多，例如張景媛（2015）提出的參觀教學、批判思考訓練、圖標法、記憶術、理解推理、高層思考等。不論教學方法有多少，最重要也是最基本的是——學生能閱讀手上的教科書。總之，社會領域文本的閱讀有幾個基本的策略，分別是：學生自我覺察、老師提供鷹架、連結背景知識、提問。以下依序說明。

步驟 1：學生自我覺察

老師可以鼓勵學生，把自己不懂的詞彙先用鉛筆圈起來。

步驟 2：老師提供鷹架

老師先將理解文本整體概念的關鍵詞彙找出來，並在學生把自己不懂的詞彙找出來以後，針對重要但學生不理解的詞彙進行講解。

步驟 3：連結背景知識

善用學生已有的背景知識。例如前述例子中的小唐說出「台灣地圖」，故學生應該已有台灣地圖的概念，老師可以進一步引導，利用他對台灣地圖的了解來預測台灣四面環海以及向海洋發展的原因。

步驟 4：提問

根據一般性閱讀理解策略的提問層次來提問：

1. 提取訊息：以文章的主要訊息來提問，例如：哪些因素促進台灣的貿易發展？

2. 推論分析：根據這一頁的圖「台灣之最」，說明台灣的地理位置有哪些特徵？「台灣之最」的「之最」是什麼意思？

3. 詮釋整合：這個層次的提問，目的在幫助學生能將同一章節中不同地方的重要概念進行訊息整合，並鼓勵學生用自己的理解來表達一次。例如：試從地球的緯度來看台灣的位置，並說明緯度與台灣氣候的關係。

■ 數學領域

狀況三：學生答非所問或者看不懂數學題目？

大多數時候，數學題的解題需要將語言訊息轉換成抽象符號進行運算，能夠解讀數學題意是重要關鍵，但也是多數老師容易忽略的。請老師

務必自我提醒：若學生不會算或答錯，要先確認學生對題意的理解是什麼。學生的題意理解對解題結果的影響，可從以下的真實案例來說明：

　　有一件工程，每個人進行工程的速度都差不多，由 1 人獨立完成需要 6 日 4 小時，如果 4 人合作同時進行，需要幾日幾小時？

　　（107 學年度翰林版國小五年級下學期數學作業簿，第 6 回第 12 頁）

　　五年級的涵涵在這個題目計算錯誤。老師將題目更改如下，在裁縫店長大的涵涵就能又快又正確地算出答案。

　　有一件衣服，阿嬤自己一個人做，需要 6 日 4 小時，如果有阿姨、嬸婆、叔公合作同時做這件衣服，需要幾日幾小時可以做好？

　　類似的現象在教學現場並不少見，因此，老師放慢腳步了解學生對題意的理解，才能針對問題來幫助學生。

　　朱家儀、黃秀霜與陳惠萍（2013）針對教育部推動的「攜手計畫課後扶助方案」之個案研究分析發現，數學科雖然是補救教學的主要重點，但也發現老師對於學習低落的學生會提供清楚的題意解釋，也會在跟學生對話過程中來澄清學生對題意的誤解或不懂之處，並鼓勵學生放聲思考。張景媛（2015：280-281）引用 Mayer 所提出在數學解題的四個重要成分——問題轉譯、問題整合、解題計畫及監控、解題執行。以下分別說明之。

策略 1：問題轉譯

　　讀者在閱讀題目以後，要能形成有意義的**心理表徵**（mental representation），也就是讀者透過閱讀來理解和解釋所讀到的文字意義。這個過程需要啟動理解「題意」的兩個知識，一個是語言知識（即文字意

義），一個是事實知識（題目所陳述的內容）。

策略 2：問題整合

　　學生必須動用每一個基模知識（數學知識），將題目中的數個句子意義化，整合解題所需的基模知識後，成為連貫完整的問題理解。老師須注意學生是否具備解題所需的基模知識，例如三角形面積的算法（要能找到三角形的底與高），而這也是許多老師經常忽略的地方。

策略 3：解題計畫及監控

　　學生針對題意進行計畫（分解），並根據每個解題計畫來評估對應的策略。

策略 4：解題執行

　　學生需要程序性知識來進行運算。

　　以下以七年級數學考題來做說明。

　　淳淳班上數學小考共 20 題，每答對 1 題可得 5 分，答錯 1 題倒扣 1 分，不作答則不給分，若淳淳答錯 4 題，1 題未作答，則淳淳得 _____ 分。

（桃園市立仁美國中 107 學年度第一學期第一次段考

七年級數學科試卷）

1. 問題轉譯：學生須先了解什麼是「倒扣」（文字意義），事實知識是「答對 1 題可得 5 分」（題目陳述的內容）。
2. 問題整合：學生必須整合題意陳述的訊息，在此的基模知識是題數乘上每題分數等於總分。
3. 解題計畫及監控：學生必須能步驟性的解題，例如：先算出淳淳得到

幾分（共答對 15 題，5 乘以 15 共得 75 分），再算出淳淳答錯需要倒扣的分數（答錯 4 題，1 乘以 4，共 4 分）。

4. 解題執行：開始運用程序性知識，例如：得 75 分減掉答錯需倒扣的 4 分，最後得到 71 分。

　　小蜘蛛原本在數線上－3 的位置，後來往左邊走 7 個單位，再往右走 5 個單位，則這隻小蜘蛛最後在哪個位置？

（新北市立柑園國民中學 107 學年度第一學期

七年級第一次定期考查）

1. 問題轉譯：在語言知識方面，學生必須了解「原本的位置」、「往左邊走 7 個單位」；事實知識則是「每個單位都相等」、「－3 在數線上的位置」。

2. 問題整合：學生必須整合題意陳述的訊息，其基模知識包含有「數線」（越往左邊數值越小，越往右邊數值越大）、「正負數」的概念。

3. 解題計畫及監控：學生必須能使用策略步驟性的解題，例如，學生必須算出小蜘蛛從－3 往左邊走 7 個單位後的位置 x，之後算出 x 再往右邊走 5 個單位後的位置。

4. 解題執行：開始運用程序性知識，例如：$(-3)-7+5=-5$。程序性知識是知道如何做的知識（包含知道規則、技能），故學生必須知道加法和減法的規則，才能運算出答案。

　　另外，根據文獻，數學解題歷程可以再補上一個「執行後的回顧（檢查）」，也是屬於後設認知能力。後設認知歷程可以提醒解題者自己要做什麼、問自己問題、回想自己已經知道的知識、偵錯並改正、監控自己的表現等，可包含自我教導、自我提問以及自我監控（張景媛，2015：97-98）。雖然多數學者都強調學習困難的學生通常後設認知的覺察力偏弱

（洪儷瑜等人，2005：254-260），但是，數學解題的「回顧」階段，卻是經常被忽略的（李心儀，2016），例如：能用不同的方式檢驗自己算出來的結果、如果算錯是錯在哪裡等，這也需要老師帶領學習，並提供學生練習的機會。

張景媛（2015：282）認為，學生多數在「問題整合」與「解題計畫及監控」遇到困難，仔細分析這兩個階段涉及的就是基模知識和策略知識。李咏吟等人（2002：336-367）則認為，許多學生在問題轉譯就已經遇到困難了，特別是語言知識。若學生在解讀題意就已經有問題，老師務必要先確認學生對題意的理解是什麼，並且要鼓勵學生說出來，例如：透過放聲思考的方式再陳述一遍題目在問什麼。

最後，陳怡靜與劉祥通（2013）沿用 Polya 的數學解題歷程，並以問題「已知某長方體的長、寬、高，求其對角線之長度？」來說明如下：

1. 了解問題：長、寬、高是已知數，且這些已知條件可以幫助其得到未知數。
2. 擬訂計畫：運用先備知識或過去相關經驗。例如，學生知道「直角三角形的斜邊長（知道兩股長）的算法」，將這個知識或經驗應用到求長方體的對角線長度。
3. 執行計畫：執行與檢驗每個步驟。
4. 驗算與回顧。

再者，從上述解題歷程的實例分析，可以發現學生對數學專門性詞彙（例如數線）的理解是數學理解與解題的重要關卡。當數學文本對於該章節重要的專門性詞彙與概念沒有清楚的解釋時，學生當然很難透過新的專門性詞彙學到新的概念。因此，老師在選擇數學文本或是編輯數學教材時，必須要考量是否有針對該章節中的重要詞彙做清楚的概念引導。例如洪儷瑜等人（2005）以「角」概念為例指出，「角」是生活中常出現的詞，例如：這個角度不錯、桌角很尖銳等，但要學生學習數學幾何的「角度」

是需要引導的。他們分析台灣市占率最高的版本在「角」的定義，發現對角的構成要素缺乏清楚的定義與說明，例如：角的旋轉有「始邊」與「終邊」，但是沒有對「始邊」的清楚介紹，甚至在教學指引中有關「角的定義」也沒有提及角的構成要素。洪儷瑜等人（2005）引用 Rupley 等人提出概念的教學，要具備：類別應用（是什麼）、點出特性（像什麼）、提供例題（舉例子）、比較（例子的異同）。數學文本編輯或教師手冊中必須要有將該單元要學習的重點明示、清楚的詞彙定義、常見錯誤類型的澄清等等。總之，數學文本的呈現不僅影響學生的學習，也會影響老師教學方式，老師務必要有數學文本分析與選材的判斷能力。

結語

　　社會、數學、自然這些學科有許多複雜的詞彙與概念，往往造成學生看不懂的符號長得越來越奇怪，老師看著學生一臉茫然，越教越焦慮，看到考卷成績更是備感無力。這樣的場景，在教育現場並不陌生。但是，腦造影研究已經提出補救教學或介入（遊戲），對學習者不僅是數學學習行為的改變，也顯著影響其大腦的運作（張葶葶、龍姿蓁，2017）。補救教學能有效節省學習者大腦單一區域的資源，釋放更多認知資源來形成區域之間的網絡連結，使之更緊密與有效。腦科學的研究已經清楚地告訴教學者，步驟性的補救教學對學生數學學習過程的大腦機制會產生變化。如此也說明了具體且步驟性的補救教學介入，對學生的數學學習將會有具體的意義。老師需要解釋閱讀的策略並大量示範給學生看，並引導學生練習；再根據學生所使用的策略予以鷹架支持，並多用提問來澄清學生狀況，最終讓學生學會自我提問。故從簡單的概念開始，將教學步驟具體化，可翻轉過去傳統學科補救教學的進行方式，突破只是「教慢一點」、「多教幾次」的做法，讓學生有突破性的進步。訊息類文本在日常生活中非常多，

舉凡新聞、雜誌等各種報導常是訊息類文本，需要讀者比較差異或因果推論，更是許多大型考試的最愛，故越來越受到老師的重視，也成為各學科老師的專業能力之一。

問題討論

一、請分享你個人求學過程中是否有過這樣的經驗：「老師很厲害，也很認真教學，我很努力聽，但是我真的聽不懂老師在說什麼。」你覺得問題出在哪裡？你認為身為一個老師可以如何減少訊息傳遞的錯誤或接收不良？

二、請找兩題課本中的數學練習題，請小組討論在這些題目中，學生有可能看不懂題意的地方是哪裡，以及如何引導學生正確讀懂題意，並根據 Mayer 的數學解題寫出具體的指導步驟。

三、你同意本章一開始所言「每個老師都是閱讀老師」嗎？你認為教閱讀是國文老師的責任，還是各科老師的責任？前者是 learn to read，後者是 read to learn，你認為哪個重要？

教學資源

課文本位閱讀理解教學策略資料庫：http://pair.nknu.edu.tw/pair_system/Search_NewList.aspx

閱讀師資培育－區域人才培育中心計畫（桃竹苗宜區域中心）：http://arsel.site.nthu.edu.tw/

教育部中學生學習扶助平台：https://priori.moe.gov.tw/

教育部有愛無礙融合教育網站：https://www.dale.nthu.edu.tw/

教育部課文本位閱讀理解教學：http://pair.nknu.edu.tw/pair_System/Search_NewsList.aspx

參考文獻

中文部分：

朱家儀、黃秀霜、陳惠萍（2013）。「攜手計畫課後扶助方案」補救教學方法之探究。**課程與教學**，16，93-114。

李心儀（2016）。不同解題歷程模式中的回顧。**台灣教育評論月刊**，5，157-161。

李咏吟、邱上真、柯華葳、杜正治、林本喬、陳慶福、…董力華（2002）。**學習輔導：學習心理學的應用**（第二版）。台北市：心理。

林進材（2018）。從學科教學知識的觀點論述補救教學政策實施的困境與對策。**台灣教育**，709，103-110。

邱瓊慧（譯）（2015）。J. K. Klingner., S. Vaughn., & A. Boardman 著。**學習困難學生閱讀理解概論**（Teaching reading comprehension to students with learning difficulties）。台北市：心理。

洪月女（2016）。學科閱讀研究與教學之探討。**高雄師大學報**，40，19-39。

洪儷瑜、王瓊珠、陳長益（2005）。**突破學習困難：評量與因應之探討**。台北市：心理。

國家教育研究院（2019）。**十二年國民基本教育課程綱要：議題融入說明手冊**。新北市：作者。

張景媛（2015）。差異化教學與學科學習輔導。載於何英奇、毛國楠、張景媛、周文欽（合著），**學習輔導**（第二版）（頁261-299）。台北市：心理。

張葶葶、龍姿蓁（2017）。從磁振造影研究探討數學學習障礙之認知神經機制。**當代教育研究季刊**，25，173-206。

陳怡靜、劉祥通（2013）。國中數學解題能力量表編製之理念。**科學教育月刊**，357，29-37。

陳明蕾（2011）。小五社會課：以台灣的自然環境為例。載於陳欣希、柯雅卿、周育如、陳明蕾、游婷雅（合著），**問好問題**（頁 112-125）。台北市：天衛文化。

黃嘉莉、葉怡芬、許瑛珚、曾元顯（2017）。取得中學教職的關鍵因素：運用決策樹探勘師資培育歷程。**教育科學研究期刊**，62（2），89-123。doi: 10.6209/JORIES.2017.62(2).04

謝進昌（2015）。有效的中文閱讀理解策略：國內實徵研究之最佳證據整合。**教育科學研究期刊**，60（2），33-77。doi: 10.6209/JORIES.2015.60(2). 02

英文部分：

Palincsar, A. S., & Brown, A. L. (1984). Reciprocal teaching of comprehension-fostering and comprehension-monitoring activities. *Cognition and Instruction 1*(2), 117-175.

國家圖書館出版品預行編目（CIP）資料

補救教學：理論與應用 / 陸偉明等著.
-- 初版. -- 新北市：心理, 2020.02
面；　公分. --（課程教學系列；41334）
ISBN 978-986-191-899-0（平裝）

1.補救教學

521.5　　　　　　　　　　　　　　109000802

課程教學系列 41334

補救教學：理論與應用

主　　　編：陸偉明
作　　　者：陸偉明、黃慧菁、董旭英、黃郁茹、曾明騰、高實玫、黃秋華
執行編輯：陳文玲
總 編 輯：林敬堯
發 行 人：洪有義
出 版 者：心理出版社股份有限公司
地　　　址：231 新北市新店區光明街 288 號 7 樓
電　　　話：(02) 29150566
傳　　　真：(02) 29152928
郵撥帳號：19293172 心理出版社股份有限公司
網　　　址：http://www.psy.com.tw
電子信箱：psychoco@ms15.hinet.net
駐美代表：Lisa Wu（lisawu99@optonline.net）
排 版 者：菩薩蠻數位文化有限公司
印 刷 者：龍虎電腦排版股份有限公司
初版一刷：2020 年 2 月
I S B N：978-986-191-899-0
定　　　價：新台幣 320 元